Antología Poética

Alma y Corazón

en

Letras

Con derecho a réplica

Del Alma Editores

Del Alma
Editores

Antología Alma y Corazón en letras @ 2013

Del Alma Editores

Todos los Derechos Reservados.

Prólogo: Máximo E. Calderón

Diagramación: Glendalis Lugo

Corrección: Gladys Viviana Landaburo

Fotografía: Julia Grover FOTOGRAFÍA Diseño de portada: Julia Grover FOTOGRAFÍA Email: juliagogrover@hotmail.com
https://www.facebook.com/JuliaGroverFOTOGRAFIA

Prohibida la reproducción total o parcial de esta obra por cualquier medio sin previo permiso escrito

ISBN: 978-987-29888-1-4

Prólogo – Antología poética:

Alma y corazón en letras – Con derecho a réplica

Muchas veces en la vida he escuchado decir que lo que importa no es llegar, sino transitar. Y hasta un popular compositor argentino, supo decir que lo importante no es llegar, sino que lo importante es el camino.

Mal que les pese a quienes afirman esto, debo decir que no estoy para nada de acuerdo con semejante forma de pensar, sino que pienso totalmente lo contrario. No quito importancia a las vivencias, las experiencias, las enseñanzas que puede dejarnos el transitar por un camino determinado, pero si perdemos de vista nuestro objetivo, nuestra meta, nuestra llegada, nunca seremos triunfadores sino simplemente gente con experiencia.

En el convulsionado Japón del Siglo XIII, surgió la figura de un monje revolucionario llamado Nichiren, quien en una de sus enseñanzas escritas afirmaba: "Entre Kamakura y Kyoto tenemos doce días de viaje. Quien no transite hasta el último día, no podrá contemplar nunca la belleza de la Luna sobre la Capital".

Y esta enseñanza tan simple es algo fundamental a la hora de emprender una obra, ya sea edilicia, institucional, o literaria como en este caso.

Si no llegamos a nuestro objetivo, si el trabajo queda inconcluso, es muy posible que terminemos conformándonos con frases populares o enseñanzas mediocres como las que cité al principio.

Una persona que se debate alegremente en el fango de su pantano existencial, puede que llegue a adaptarse a ello, y hasta crea que eso es algo medianamente aceptable. Pero estará olvidándose de la razón o razones que lo motivaron a realizar semejante viaje, razón que lo llevó a planificar, a hacer preparativos, y a fijar las esperanzas en una meta que finalmente nunca se alcanzó.

Cuando nos quedamos a medio camino de alcanzar un objetivo, y nos conformamos, estamos quebrantando el principio de razón suficiente, en forma particular la cuarta raíz de este principio, llamado por Schopenhauer, el aspecto "obrar".

El objetivo no es alcanzado, por un fallo en la motivación. Sin embargo, cuando supe de este proyecto, y pude seguir el crecimiento de la idea, que como una semilla logró germinar y explota en flores de distintas naciones, comprendí que nunca se había perdido el objetivo primero, y que por el contrario, los horizontes fueron haciéndose más grandes y más complejos, hasta llegar a convertirse en una antología poética que supera las fronteras, y que reúne a poetas de distintas latitudes en una obra que nació como artesanal, pero que tiende a erigirse como ejemplo de un trabajo verdaderamente monumental.

Una obra no es pequeña o grande según los ojos de quien la mira, sino según el corazón de quienes la elaboraron. Y en este caso, hubo una mujer que decidió dar un primer paso, hacer oídos sordos a los cantos agoreros de los pesimistas de siempre, y rescatar este libro del mundo de las ideas, para plasmarlo en el mundo sensible, del papel y del alfabeto.

Y como todo camino por largo que sea, se comienza con un paso, ese primer paso se dio en forma insegura y con miedos, pero a la vez con aquella temeridad propia de los niños que comienzan a caminar, que por no ser conscientes de los peligros que sobre ellos se ciernen, comienzan la marcha con optimismo y fe, casi presintiendo que los golpes que se avecinan son solo una parte más de una enseñanza inevitable, que más temprano que tarde se va a convertir en una concreta y nueva realidad.

Y una vez que se dio aquel primer paso, volvemos otra vez a la situación cero, y tenemos nuevamente el primer paso por delante. El único paso, que deberá repetirse en forma incansable hasta que crucemos la meta o nos rindamos en el intento.

Una sucesión de pasos únicos e irrepetibles, precisos o imprecisos, pero siempre apropiados.

Para que una obra de pensamiento, un plan, o una estrategia, se lleven a cabo con propiedad, deben necesariamente cumplir con tres requisitos que asegurarán la llegada a la meta, la realización del principio de razón suficiente en todas sus raíces, la apertura de todas las semillas – y si se quiere – hasta la vista de la Luna sobre Kyoto, aunque hayan pasado muchos años de la existencia de Nichiren, y hoy sea otra la Capital del país del sol naciente.

Para que una acción guarde propiedad, y por ello tenga cuasi asegurado el triunfo, deberá ser: adecuada, conveniente, y oportuna.

Y esta antología poética internacional, ha seguido todas las reglas, ha cumplido con todos los preceptos, y seguramente dentro de unos años será el espejo en donde se miren otros escritores por venir, recordando los nombres de quienes con sacrificio y esfuerzo, lograron terminar la obra, y se sentaron a disfrutarla desde el Olimpo del bienestar íntimo, ese que acaricia el alma y regocija a todos aquellos sembradores, que por no descuidar sus mieses, hoy cosechan los frutos del "sacro-oficio" del trabajo.

Artistas de distintas latitudes, que a través de su tinta dejan en estas hojas pedazos de su vida y de sus vivencias, estas letras durarán más que vuestra propia existencia, y ustedes no morirán jamás, porque nadie muere donde alguien lo recuerda, o donde alguien lee esas palabras que vuelven a cobrar vida con cada ojo que las mira, o cada labio que las pronuncia.

En Córdoba, Argentina. A 12 de agosto de 2013.

Máximo E. Calderón

Dedicatoria

A ustedes estimados poetas: Que sin vuestro apoyo, de modo alguno, sería posible esta antología. Es un gran honor tenerlos como amigos, porque compartimos el amor a las letras, las que encadenadas dan vida a grandes poemas, que transmiten la esencia del alma, siendo el vivo reflejo de la divinidad que nos habita, y, modo en que se manifiesta la inteligencia universal, para materializar las grandes empresas para el mundo.

Este ejemplar es el comienzo de revolucionar las conciencias de nuevas generaciones, porque las palabras quedan selladas para siempre y no es nada perdido. Todos somos parte de esta trayectoria, cada uno construye sabiduría y crecimiento.

Es un privilegio, que poetas de varios países de Hispanoamérica, hayan dedicado sus poesías para la cultura mundial, espero que sea de vuestro agrado, infinito agradecimiento por el carisma y el gran aporte que hicieron- recuerden somos una familia.

Abrazos y besos. Glendalis Lugo - Gladys Viviana Landaburo
ADMINISTRACIÓN SUSURROS DEL ALMA

Epígrafe

"Cada poema es único. En cada obra late, con mayor o menor grado, toda la poesía. Cada lector busca algo en el poema. Y no es insólito que lo encuentre: Ya lo llevaba dentro".

Octavio Paz (1914-1998)

Poeta y ensayista mexicano.

Voces del Alma que se unen en un solo lenguaje: la Poesía...

Argentina

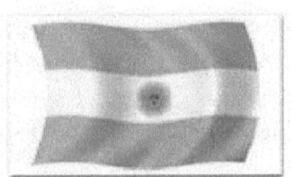

Elías Antonio Almada

Fecha de nacimiento: 27 de agosto de 1962 –Concepción del Uruguay, Entre Ríos, Argentina. Coordinador del festival Internacional de Poesía La Palabra en el Mundo en la ciudad de Concepción del Uruguay, años 2011 y 2012 .Miembro de los festival Cien mil Poetas el Cambio y Festiva Grito de mujer, Miembro coordinador de UNILETRAS y de la Unión Hispano Mundial de Escritores.

Publicaciones: Antología "Noches sin Soledad". Ciudad de Totoras-Pcia de Santa Fe Argentina. Antología" el Arte de Crear" ciudad de Rosario Pcia de Santa Fe Argentina, Antología del Centro d Estudios Poéticos de Madrid España (Mayo de 2013 y otra en imprenta)

Programas radiales en que se leen sus poesías: "Noche sin soledad" Totoras /"Mariposas en la Noche "Santa Fe/Pcia de Sana Fe / Argentina

Radios y medios gráficos en general que difunden y/o difundieron sus trabajos: Radio Cañuelas – Cañuelas. / Pcia .de. Buenos Aires. / Digitalradyocoolfm./.México, EE, UU Diana Ríos radio por Internet El Diario de Paraná, Portal Colonense, Colon, LT 11 Radio gral. Francisco Ramírez (página Web), Concepción del Uruguay La Prensa Federal, Concepción del Uruguay, 03442 Noticias Concepción del Uruguay Diario Nogoya.com.ar, Nogoya, Ahora!

Noticias, Nogoya, FM Total Concepción del Uruguay Entre Ríos
Publica en diversos sitios de Internet

Ha participado: Del encuentro de Poetas, Escritores, Declamadores y Académicos de Goya año 2011. Poniente Del Festival La Palabra en el mundo Santa Fe 2012, Conferencista

Del 1° congreso "Educación, juventud y militancia del Norte Argentino y el Norte Grande", La Banda Santiago del Estero 2012, Disertante

Del III Congreso de Historia Militar Argentina, miembro Buenos Aires activo 06/07 diciembre 2012 poniente

Noche efímera

Noche oscura es el negro de tu pelo,
y las estrellas brillantes

Iluminando como tus ojos

Late de rojo mi corazón

en el beso de tus labios.

Las burbujas del champagne

efímeras como tu amor

mentiras en las palabras

que se hacen verdad en tu boca

Es un instante de felicidad y lujuria

mezcla agridulce de amor y locura.

Unas vez más

y por un dichoso instante

has pasado

Por mi vida tambaleante

sueño brujo

de un te quiero

escrito… sobre

un adiós.

Ven a mí

Ven compañera

quiero beber… tu alegría

emborracharme… de felicidad

Y gozar… de tu compañía.

Esta noche el destino

te puso aquí… a mi lado

brilla… en tu mirada una

luz… de esperanza.

Ven compañera

regálame el sabor… de tus labios

la bendición… de tus caricias

la inocencia… de tu sonrisa.

Esta noche

de eterna…. primavera

ven a mí… compañera

quizás mañana…ya no lo sea.

Quiero

...descansar mi mirada en la paz de la tuya

y que tus bellos ojos

Iluminen mi camino.

...dejar que mi boca repose sobre tu fresa

y que tus tiernos labios

endulcen los míos.

...que tus días sol llenen de

luz los míos tristes, y oscuros.

...que tus noches de luna sensuales y redondas

aplaquen la ansiedad

de las mías de tormenta.

... tus ojos, tu boca

... tus noches, tus días

... tu sol y tu luna

... que me entregues tu vida.

Soñar y despertar

Soñé con la alegría y
encontré tu sonrisa
Soñé con la felicidad
y encontré tu mirada.

Soñé con la ternura
y encontré tus caricias
Soñé con la dulzura
y encontré tu boca

Desperté
y no tenía
ni tu sonrisa, ni tu mirada
ni tus caricias, ni tu boca.

Soñé con el amor
y encontré tu
corazón desperté
y te habías ido.

La soledad me

abrazaba Por

mi mejilla

una lágrima rodaba

Entonces

probé con amargura

el sabor y el dolor

de la ausencia.

Lluvia y ausencia

El cielo se oscurece las

lágrimas del tiempo

golpean mi ventana

con la misma intensidad que te amo.

La noche es fría

el sonido del viento

parece llamarte

como mi herido corazón.

Tu recuerdo cálido

suple la ausencia

mi mano temblorosa

acaricia una copa vacía.

El agua que cae

de un tiempo ido

me trae nostalgias

aquel que fue nuestro.

Mis labios besan un cigarrillo

todo sabe a tristeza

Tú no estás

y está ausente la alegría.

Tu retrato sobre la mesa

me sonríe dulcemente

recuerdos del pasado

vuelven a mi mente.

Tu mirada y la mía

las bocas en un beso

ese que aún deseo

tanto,.. Como sueño tu regreso.

Silvia Rosanna Bossi

Nací un 7 de noviembre en Carmen de Patagones (Pcia. Bs. As). Hija mayor de tres hermanos, mis padres docentes de alma y corazón. Al compartir desde chiquita en la familia esta hermosa profesión , al ver la dedicación y profesionalismo con el que ellos ejercían su docencia, mis pasos futuros fueron prepararme en esta linda carrera, que es la de poder transmitir conocimientos y deleitarme con los progresos que día a día los alumnos me regalan.

Soy Profesora para la Enseñanza Primaria y Profesora de Danzas Folklóricas Argentinas. Titular en el área de Ciencias Sociales en Escuela Primaria 6to año. Y dentro de esta área transmisora de nuestra tradición a través de un proyecto de Folklore. El año pasado mi amiga Gladys Landaburo me invitó a formar parte del grupo Susurros del Alma, hermoso grupo de poetas en donde sus escritos acarician el alma y corazón y en donde a través de la lectura se aprende. Mis escritos surgen desde entonces, como estados de ánimo, como forma de expresar en muchas ocasiones situaciones de vida de personas cercanas o de la vida misma.

Una manera de transmitir a través de los versos sentimientos y que con agrado suelo hacer. Agradezco a Gladys por invitarme a formar parte de este grupo en la antología.

Ese mar

Cuando me necesites
solo tienes que saber...

que a la orilla de ese mar,
los sonidos de las olas
mi nombre repetirán.

Cuando me necesites
solo tienes que saber...

que a la orilla de ese mar,
las olas como suaves manos
te acariciarán,

que las gaviotas en su cantar
mi amor te cantarán...

y que sol y luna
en tus días grises...
siempre a tu lado estarán...

cuando me necesites solo acércate
a la orilla de ese mar.

El amor

El amor es poesía
que recorre tu ser,
en cada amanecer...
en cada anochecer.

Recorre tus venas
transportando en ellas
el sentir de la vida,
la caricia del alma,
la alegría compartida.

El amor te atrapa
con ese sonido tan especial,
que con notas musicales
al ritmo del corazón,
compone la melodía
que endulza con pasión.

Con cada sentir...
en cada despertar...
con cada alegría
con cada sonido y caricia,
el amor te recuerda
lo hermoso que es amar...
¡¡La Vida!!

Aquellos versos

Una suave brisa trajo esos versos
que con magia y encanto,
ternura y pasión,
el corazón y alma acarició...
y fue entonces,
que con música hecha poesía...
los versos fueron caricias y
besos que ni la distancia y el
tiempo pudieron detener.

A pesar de la tristeza
que envuelve a los corazones...
esos versos y líneas que
el tiempo dejó, serán
una eterna caricia
de mágicas y latentes palabras,
de mágicos y dulces instantes...
guardados por siempre
en alma y corazón.

Niño

Jamás dejes de ser niño.

Nunca dejes de sentir, gustar, ver...

Como el aire, el viento y los sonidos...

Y esa luz especial en tu mirar...

Porque siendo niño

Sientes, gustas y ves

de manera especial,

este mundo diferente

que parece no apreciar

la importancia de un sonido,

un aroma y un sabor...

sigue siendo niño

y envuelve tu corazón,

con cinta de colores,

sabores de caramelo

y sentimientos verdaderos,

¡que hacen a tu luz interior!

Viaje

Al regreso de tu viaje
en el puerto del recuerdo

te estará esperando con
ansias mi corazón y mi alma.

Tus valijas llenas de amor
sabrán que le esperan días
de refugio y pasión,
en tu destino soñado.

La distancia y el tiempo
no disminuyen el amor,
cuando ese sentimiento
nace de lo profundo del corazón.

Poesía

¡Poesía es la vida misma
es suspiro del ALMA!

Poesía es sentimiento...
es dejar volar a nuestra imaginación
y a través de cálidas y mágicas palabras,
poder expresar como en una canción
aquellos rítmicos y suaves sonidos
dictados por los latidos del corazón.

¡Poesía es la vida misma,
es suspiro del ALMA!...
es encuentro y caricia,
es sonido... es amor,
es besar con la palabra..
es tristeza y alegría,
es recuerdo... es pasión.
¡Poesía es la vida misma es suspiro del ALMA!

Amor

El amor nos vuelve poeta,
el amor nos transforma,
el amor nos inspira...
es el único responsable de...
iluminar nuestra mirada...
es el único motor que nos lleva
a transitar un mundo mágico,
un mundo de sueños...
y a su vez nos permite
anidar en nuestro corazón...
aquellos sentimientos,
aquellas sensaciones, que...
se vuelcan en palabras
que acarician y besan...

Máximo E. Calderón es profesional de la salud, y exdocente de la Universidad Nacional de Córdoba, con posgrados en varias Universidades y doctorado en Ciencias de la salud. Desde hace varios años es militante defensor de los Derechos del Niño.

Trabajó diez años como locutor y conductor en LV 26 Radio Río 3° y en LV2 Radio Gral de Córdoba, siendo jefe del servicio informativo del canal de TV Ultravisión .Es practicante de tiro al blanco, y también de karate desde hace más de 30años, disciplina en la cual ejerce la docencia.

Embajador del Parlamento mundial por la paz y la seguridad WPO, Calderón es un encumbrado miembro de la Masonería argentina, ocupando actualmente el cargo de Gran Maestre en la Gran Logia Simbólica Argentina.

> *Tu bajeza y mi hidalguía se definen de este modo:*
> *tú me lo negaste todo, yo te di cuanto tenía*
>
> Manuel Benítez Carrasco

Sentencia

Cuando el orgullo se calle, y

las lágrimas se sequen.

Cuando se alejen los buitres

con su danza de palabras,

...y los fantasmas... se vuelen

con la nueva luz del alba.

Cuando el amor no sea mutuo.

Y la ausencia sea llenada.

Y el último pedacito de mi piel

sobre tu cama...se difumine en el aire.

Y todo... se convierta en nada.

....

Voy a ser más que tu sombra.

Voy a ser más que tu alma.

Voy a jugar en el fuego del

hogar que tú compartas

y escucharás mis palabras...
con cada voz que te habla.

Vas a sentirme de nuevo
revolviendo tus entrañas
y quemándote los huesos,
como un torrente de lava.

Bordando en cada centímetro
de tu cuerpo... una palabra.
Vas a gritar frente al viento...
y mi voz será escuchada.

Y cada vez que sonrías.
Y cada vez que él te abrace
Y cada vez que respires...
me sentirás inundarte.

Porque el agua que recorra tu
cuerpo cuando te bañes, no
podrá borrar mis huellas;

que penetraron tu carne,

que te quemaron el vientre

y que te hirvieron la sangre.

Porque aprendiste conmigo...

a disfrutar el paisaje de hablar

mirando a los ojos...sin bajar la vista a nadie.

Y de escuchar a tu piel...

cuando está gritando de hambre.

La saliva de mis besos...se revolverá en tu espalda.

Y cada vez que te mueras y cada vez

que renazcas, yo volveré a acariciarte...

lloviendo sobre tu alma.

Cada vez que me mastiques.

Y cada vez que camines.

Por cada vez que martilles... por cada

cuadro que pintes...

Voy a seguir dentro tuyo,

por cada vez.... que respires..

Oda a las luciérnagas

Luciérnaga chiquita,

bichito loco.

Lucecita del campo,

préndete un poco.

Juguetona del pasto,

linterna verde.

Heroína radiante,

mírame siempre.

Mírame con tus

ojos y con tus alas.

Que en mi patio se enciendan

las esmeraldas.

Que sea largo tu vuelo,

como mis sueños.

Que solamente el viento

sea tu dueño.

De niño me enseñaron
que allá en el cielo,

las estrellas brillaban
como luceros.

Hoy noche me di cuenta
que sobre el suelo,

de verde se ha pintado
mi firmamento.

A la gata de mi madre

Cuando llegó a nuestra casa...

era como una naranja brotada en pelos y besos...

brotada en hambre de manos que acariciaran su

cuerpo...

brotada en garras inútiles...

y colmillos indefensos.

Pronto consiguió una amiga...(para poder ir creciendo)

Una amiga de dos patas, que le limpiaba su cuerpo...

Una amiga que tenía, a más de dos ojos tiernos,

las ganas de verla andando, corriendo...

detrás del viento.

La mascota de mi madre...

avanza ya por la casa como una reina naranja...

y cuando quiere pararse, y empieza a mover sus

patas...un agua de ámbar se escapa. Y la moja. Y la

rebalsa.

Y el líquido que se escapa de aquél cuerpito naranja, bendice y moja la alfombra... y se mezcla con las lágrimas.

Se mezcla con diez mil lágrimas de la que va envejeciendo mientras mira que se arrastra... un pedacito de sueño.

Es una noche muy blanca...y la gran Luna redonda escondida entre las ramas...
ya no se siente tan sola para iluminar mi casa.

Se ve copiada en el piso. Se ve plagiada en el alma...
...¡Es la gata de mi madre..!, que no camina... y se arrastra...
...que quiere escapar del cielo que la exhibe, que la exalta...
...que con su diente indefenso y sus inútiles garras, va dejando sobre el piso... una estelita de plata.

La vieja mujer de luto

A una refugiada de guerra,
que conocí en Madrid

Mientras el aire de Otoño,

come las últimas hojas

Mientras un hombre de bronce

por la baranda se asoma.

Mientras La Cibeles quieta

se recorta entre la niebla...

la vieja mujer de luto

no llora a nadie... y espera.

Mientras la Plaza Mayor

recuerda los inmolados.

Y la Puerta de Alcalá

duerme su sueño de espanto.

Mientras la tarde se cae

recostada en la Gran Vía...

la vieja mujer de luto

no llora a nadie... y suspira.

Mientras circundan las

sombras la calle del mesonero.

Y docenas de travestis

van publicando el deseo.

Mientras Alonso Quijano

quiere saltar de la piedra...

la vieja mujer de luto

no llora a nadie... y observa.

Mientras el Palacio Real

duerme el sueño de los justos

En la Catedral contigua,

pasa la gente del Mundo.

Pasa Dios, y también pasa

el santo, el puto y el necio.

La vieja mujer de luto

los ve pasar... en silencio.

La vieja mujer de luto

me pide algunas monedas,

y fue... ¡como si mi madre,

de pronto!, me las pidiera.

Su boca de los Balcanes

me reconoció extranjero...

le dejé algunas pesetas,

ella... su luto y su miedo.

¡No me ames!

"¡No me ames!", me decía

"Porque mi cuerpo no sabe, por dónde camina el alma."
"Porque mi piel se disfraza de colores subyugantes, igual que la flor del campo, sempiterna y perfumada"
Entonces... yo comprendía.

"No me ames", me rogaba

"Porque mis pechos se secan mientras el tiempo se pasa."
"Porque te atraigo a la flama, te fascino tiernamente
y termino con tu vuelo... incinerando tus alas"
Entonces... yo sonreía

"¡No me ames!", ordenaba

"Porque tu cara es reflejo de algún rostro pisoteado."
"Porque tu paz lujuriosa, se revolvió en mi recuerdo
y la miel de tu ternura, escupe sobre mis párpados"
Entonces... yo la besaba.

"No me ames", me mentía

"Porque no hay vida en la lágrima que resbala por mi cara."

"Solo es el viento que hiere mis niñas, cuando se arrastra.

¡Iluso! Nunca tocaste, lo que yo... nunca entregara"

Entonces... yo la abrazaba.

"No me ames", susurró

"Porque no aprendí a decir... ¡Mi amor!, ¡mi vida!, ¡mi alma..!"

"Porque los cuerpos sudados no dibujan corazones,

tan solo dibujan manchas... las medallas de mi cama"

Entonces... yo me callaba.

"No me ames", imploró

"Que no sé decir... te amo. Que te agarro, que te aprieto."

"Que te lamo, que te muerdo. Que la emprendo y desfallezco;

que me pierdo , me babeo, me resigno... y me arrepiento"

Entonces... yo no la amaba.

Escribo desde mis silencios...Escribo, desde mi corazón cuando se vuelca de emoción, y es mi alma quien busca la pluma, que plena de la tinta de mi sangre, se derrama en letras que claman por perpetuar en el aire la esencia de mi "ser"

Glaviana

Gladys Viviana Landaburo

Escritora, poeta y editora, nacida en Gral Pacheco - Bs As – Argentina, aunque hace muchos años que resido en la ciudad de Cosquín, (ciudad del mismo país). Hace años que participo compartiendo mis letras en foros internacionales (habiendo sido administradora en alguno de estos), actualmente comparto con la poeta puertorriqueña: Glendalis Lugo, la administración del foro poético Susurros del Alma, y también de su página y grupos en www.facebook.com. Participé recientemente en el XIV Certamen Internacional POESÍA Y CUENTO 2013 auspiciado por SADE (SOCIEDAD ARGENTINA DE ESCRITORES), quedando seleccionada para integrar la ANTOLOGÍA: LETRAS VIVAS 2013, siendo finalista de dicho certamen, cuya premiación, será para fines de agosto de 2013.

Durante el año 2012 he colaborado en la radio online: www.almaenradio.com, haciendo la producción del programa de poemas "SUSURROS DEL ALMA",(junto a poetas de habla hispana de todas partes del mundo),el cual es realizado y conducido por Sergio Sánchez, desde la ciudad de La Plata Buenos Aires Argentina. En junio de 2012 nace en Facebook el grupo SUSURROS DEL ALMA: Desde este espacio poético, compartimos junto a poetas de habla hispana de todas partes del mundo.

En febrero de 2013, participé en:XIV Certamen Internacional POESÍA Y CUENTO 2013 Auspiciado por SADE (SOCIEDAD ARGENTINA DE ESCRITORES) Quedando seleccionada para integrar la ANTOLOGÍA: LETRAS VIVAS 2013, y participando junto los finalistas de dicho certamen, cuya premiación, será para fines de agosto de 2013.

El 23 de febrero de 2013 nace el foro de poetas de habla hispana SUSURROS DEL ALMA http:/susurrosdelalma.foroactivo.com/, el cual he creado junto a la poetisa puertorriqueña Glendalis Lugo, y es con quien comparto la administración de dicho foro.

Dicho espacio poético ha ido en permanente crecimiento, debido a su propuesta fresca, de trabajar para promover las letras y sus autores, acompañándolos y caminando junto a ellos en iniciativas como editar y publicar su obra para perpetuarse más allá del tiempo.

Actualmente ya están editados:

Duermevela

Autor: Carmen Cano (España)

El Verso Nace Cuando Muere El Sol

Autor: Verónica Laura Vargas (Bolivia)

Versos de Luna

Autor: Javier Mora Morente (España

En breve estará terminado mi hijo poético: " Desde mi esencia", el cual atesorará en sus páginas, una acuarela de las más profundas emociones de mi alma.

De corazón a corazón

Estamos unidos
por un filamento invisible,
que emite ondas vibrantes,
de corazón a corazón.

Todo lo que en ti ocurre...
al instante lo reflejas en mí
¡todo lo que vives tú!
repercute al vibrar en mí.

¡Sabes lo que siento!
¡Sé lo que sientes!
y aun sin estar juntos:
juntos estamos.

Porque estamos unidos
más allá del ahora,
más allá de un "te quiero"
más allá de un "te amo".

Porque estamos unidos, y
no hace falta palabra
dando testimonio alguno,
de esta unión genuina
de dos almas en una.

Anidaste en sus entrañas

Cuando el tiempo se detenga
entre azahares y magnolias
alcanzaré yo las nubes
para acariciar tu cielo

Cuando el tiempo se detenga
las agujas del reloj mueran
y los pájaros se acallen...

¡Sé que mi corazón
seguirá buscándote!
¡Sé que mi corazón
seguirá esperándote!

Porque avivaste su vuelo
desde la noche adormecida
donde anclada entre las olas
no encontraba sosiego.

Porque engendraste en su
latir el canto de ruiseñores
y entre destellos de estrellas
anidaste en sus entrañas donde
sus raíces se entrelazan con tu
alma cristalina
¡Para calmar ansiedades
e iluminar su sentir!

Cuando me llamas

¡Dios que estás vivo!
dejé de buscarte

en templos de cemento

para tropezar contigo

en lo tangible y cotidiano

cuando en mis días
"tu mirada me busca"

desde donde habitas dolido

con aflicciones mundanas

porque tu templo es

"de carne, de sangre, de huesos"

que caminan por las calles

despojado de poderes

para buscarme: harapiento
hambriento, enfermo

¡para acercarte a mí!

Cuando me llamas

desde tu luz magnífica

en ese hermano

que me mira

buscando mi corazón

abierto, que lo abrace

desde mi alma "CRISTIANA"

El águila que hay en ti

Intérnate en tu interior.

Navégate, enfréntate, resístete,

confírmate desde tu deseo vehemente:

"Ansias por caminar sin resabios"

Elévate libre

sin anclas que

tu vuelo atrapen.

Deshollina las arterias de tu alma

aquejadas por rayos de espanto

¡Despréndete!, suelta amarras.

Que las garras que punzan tu alma

nublándola, cegándola,

sembrando sentir lacerante

con cultivo de miserias

anhelando cosechar abismos que

tu degradación proclamen...

¡Emboscada les prepare
el ÁGUILA que hay en ti!

Espéralas... espéralas en la arena
preséntale aguerrida batalla

deja tus arterias fluir
desde lo hondo

en caudaloso torrente de amor
¡Vence desde la luz!

las sombras que hay en
ti ponle lápida a su vileza
¡Para ser... SER!

¡Ay! ¡Cómo quisiera estar junto a ti!

Quisiera... aunque el tiempo
se desvanezca y cada poro de
mi piel se derrame

gota a gota, y la sangre
de mi corazón se vierta
regando el suelo que habita
"por solo ser en recuerdos",

¡quisiera, cómo quisiera
atesorarte ahí!

¡ahí en mi memoria,
ahí donde al evocarte

habremos sido segundos!
segundos en que estuviste
porque fue lo que elegiste
segundos que me sentiste
porque fue lo que quisiste.

¡Quisiera, atesorarte ahí!
ahí donde tus alas

no encuentran opresión
ahí donde tus sueños
continúan en vuelo etéreo
para consagrar su existir
para consagrar tu latir
y razón de ser.

Quisiera, ¡cómo quisiera!
sentir tus ardientes huellas
como hogueras lacerantes y
aunque se evapore el todo
sin poseerte, ¡tenerte!

¡Ay! ¡Cómo quisiera estar junto a ti!

HUGO ERNESTO LENCINAS:

Fluye un manantial de poemas hispanoamericanos, compartiendo fronteras, emanando rayos de pasión, donde los pájaros y mariposas vuelan con nuestra poesía formando parte de nuestra esencia. Mientras florecen praderas y llanuras, se van hermanando la magia del paisaje y la mística de nuestra inspiración, para volcar en esta antología la más genuina y sincera expresión poética.

Hugo Lencinas: está radicado en la ciudad de Catriel Provincia de Río Negro Argentina. Editó los libros: "Rastros de nuestra tierra" de historia aborigen. "El oro negro Argentino" relacionado con la historia del petróleo en Argentina y recientemente una antología con poetas de Hispanoamérica denominada: "Versos compartidos".

Escribirte en invierno

Con tu mano tibia

sobre la mía y en silencio

me gusta escribirte en invierno

y las hojas protegiéndose del

frío yacen cubierta en el suelo.

En tus labios paspados y fríos

se cobijan mis letras de abrigo

y el sol descubre en nosotros

las templadas poesías del

mañana contigo.

Dejaría caer mi tinta obsecuente

del rocío de mis entrañas

para dar de beber a mis hojas

renglón por renglón que esperan sollozas

por mi tinta o mis lágrimas

en prosa.

Me gusta escribirte en invierno

cuando se eleva el vapor del río

detener el tiempo del canto de las aves

y guardar su trino para nuestro verano

sin que te dieras cuenta de mi exalto...

repentino.

Confusiones

Confundí la luz del día con la de tu
alma y me quedé sin noche

confundí la lluvia con tus lágrimas
y me quedé sin luna

quiero la noche y la luna para mi desierto
la sed me la quitan tus lágrimas

antes que la arena de mi tiempo
me la roben.

Por tu amor cruzo el desierto más largo
el océano más profundo

tu estrella me guía

mi muerte es tu muerte

las dos... una vida.

Me quedé sin distancia

confundí tu vida con la mía

tu sueño con mi realidad

y me quedé sin tristeza.

Dime

Por qué la hiedra no floreció esta mañana

por qué no sales a buscar las cartas,

ni las recetas de la vecina,

las tijeretas conversan en tu patio

como chismosas,

al acecho de nuestro amor.

Dime por favor,

si todavía me quieres

si el conjuro de mis cosas viven en ti,

ya no siento tu piano por las tardes ni

la presencia de tu extraño visitante.

El entraba de traje, yo pasaba vestido de obrero

mis lágrimas regaban tu hiedra salvaje,

tu silencio me mata a la vez me revive el alma

de saber...que me extrañas.

He muerto

Cansado de andar caminos

me arrodillé en tu vientre una madrugada,

luego comencé a caminar tu cuerpo

me adornaban dos volcanes de oro de tu pecho, que

con la luna prometían erupcionar sobre el lecho.

Cruzo tu cuello puente de la pasión

para llegar a la tierra prometida

o al cielo no lo sé,

faltaba una canción,

de amor y fe.

Recorro el paisaje de tus dos lagunas

ojos de agua, y del reflejo,

me ven y me miran me miran y me ven

doy una vuelta por el cañadón

caliente y profundo, lleno de fuego

me desplomo hacia adentro,

para morir.

He muerto,

estoy en tus palabras,

estoy en tus suspiros,

en tus besos,

morir atrapado en tu boca

mi mejor conclusión y rezo...

HE MUERTO

Amo la tormenta

Y a ti, sí, a ti también,

claro, verte mojada bajo la lluvia
cubro tu cuerpo sensual

con el mío, soy resguardo de tu ser,
gruñes pero ríes pivotas, pero te entregas.

Soy el rayo de la tormenta,

que descarga sobre ti, y brilla tu frente,

en relámpagos de la creación,

dándome una señal ancestral

y en cada trueno desgarro tu carne
para que nadie te oiga, solo yo,

y en cada suspiro empuño mi urgencia,
gimes llorando, hasta que salga el sol,
amor, están las estrellas...

lloremos los dos.

Amor, cuántos caminos hasta llegar a un beso,

¡qué soledad errante hasta tu compañía!

Pablo Neruda

José Lorenzo Medina:

Nació en Córdoba - Argentina. Siendo un niño muy emotivo y con una sensibilidad extrema, ya a sus 8 años, había escrito su primer cuento, y a los 16, entre profundas vivencias asomaron sus primeros versos: El primer poema, y ya no dejó de escribir. Toda injusticia que veía le calaba muy profundo, y así, comenzó a militar en política a sus 17 años, dentro del Partido Peronista. Años más tarde,

la vida lo llevó a radicarse en la provincia de Río Negro, y desde allí, tuvo la oportunidad de hacer militancia sindical en "S.O.E.F.R.Y.N", y ya en 2011, fue nombrado funcionario del Gobierno de la Provincia de Rio Negro.

La política y las letras, son sus dos grandes pasiones. Espera disfruten todos, las letras que nos comparte en esta antología poética.

La tarde está gris sobre la ciudad

y yo aquí, bebiendo una copa de vino,

mientras tu recuerdo comienza

a abrazar en la soledad

sin decirle una palabra al corazón.

Entonces me lleno de tu silencio

mientras mi amor te vuelve a soñar

en alguna vieja canción desde el adiós...

Esta mañana desperté
sintiendo en mi carne
el fuego del deseo
de sentirte mía.

En este frío invierno
quiero encender la llama
en el alma y el cuerpo:
Llenar cada espacio
con tu delicada piel,
pintar con mis manos el
deseo en tus entrañas.

Quiero beber el néctar
de tus besos,en el cáliz
de tu vientre, frugal,salvaje.

Quiero perderme
en el mar de la ansiedad,
que muerde mi boca....

La belleza de tus hombros:

¡Abren el mundo

de los sentidos!

cada pulgada de tu cuello

es un mar de dulzura que

quiero recorrer

para terminar en el portal

de tus labios:

¡Amanecer de mi alma!

"Lo mejor de los dos"

El viento sopla fuerte

sobre los sauces y los álamos

como la tristeza

lo hace sobre mi alma.

Puedo oír tu voz

"entre los sonidos del silencio"

llorar tu recuerdo desolador

como gotas de lluvia

sobre mis sentimientos.

Me preguntaré

eternamente en mi corazón

marchito como las hojas

del otoño que mueren bajo

los pies de lo viejos árboles

junto al río de soledad que

palpita en mi simiente:

¿Por qué murió este amor?

¡Aún te amo en la dulzura

donde descansa el amor,

porque al amarte,

amé lo mejor de los dos!

Susurro en el alma:

La más bella poesía que escribí para ti
porque no podré recitarla

a tu oído como quisiera,

aunque eres el sueño que alberga mi alma
durante años de espera

vacíos de tu dulzura

que me esperaban

desde siempre en mi soledad
para abrazar tu alma:

entregarte mi corazón

para vivirlo

intensamente

y poder volar

Junto a ti

el resto de la vida,
que quiere abrazarnos

en la plenitud del amor
que hoy nos envuelve

en los sonidos del silencio…

cielo

se lleno de cenizas.

La tarde se volvió gris.

las canciones y

poemas despertaron el

dolor de sentir

en carne viva

el sabor del olvido

mientras muere

este amor

en cada palabra

que no dijimos

o los sueños

que huyeron

antes de crecer,

¡y el pedir perdón,

por el miedo

a ser feliz!

Como una rosa

así es tu corazón

tan frágil y sensible

delicado y puro.

Al acariciar tus pétalos

se desgranan

sobre mis manos

hasta llegar a mi alma

donde nos fundimos

en un eterno beso,

donde nuestros labios

se funden

 en un solo deseo

de poseernos

sin reservas,

en la plenitud

de nuestras vidas

porque ha nacido

el amor…

Cuando te pienso

El sol, la flor, el aire, los valles

y la suave brisa sobre los manzanares

¡Cantan sobre mi alma!

El recuerdo del otoño

es un sublime suspirar

cuando pienso en ti

"delicada y pura en el amor"

me trae libertad

aunque estemos lejos

¡te llevo en el alma

grabada en mi corazón

palpitando por ti cuando pronuncio

tu nombre

entre las rosas que siembro para ti!

esperando que regreses

a salvarme de la soledad

en que vivo

desde que te fuiste

al decir: adiós...

Te Siento

Móntate sobre mi luna de

papel que entre arrebatos te

espía celosa de las estrellas

que iluminan tu regazo

tan sensual, tan frugal

que, ¡provocan nuestro delirio!

Quiero despertar bajo la luz de la luna

y lentamente acercarme hasta tus labios

para encender esa llama, el fuego prohibido

para la razón que nos atormenta

romper los paradigmas de la moral

en las llamas sagradas del deseo...

Ven alójate en mi luna de papel

que te ansía profano, desbordante

desde las caricias de tu alma hasta

el roce de mis reservas

 que se arden desde su núcleo

 ¡Ven acóplate y comparte mi vuelo!

Te siento profundamente mía

cuando nuestras manos se entrelazan

en un profano encuentro

lleno de amor y lágrimas que

conmueven cada suspiro

que brota del corazón

Te siento y vibro en ti

cuando tus manos son

proyección de tu alma

que derriban lo imposible

para ser en mí

¡Cómo te siento! Sólo soy en ti.

José Lorenzo Medina - Gladys Viviana Landaburo

Sergio Sánchez

Comenzó a muy temprana edad, a los 9 años ya estaba pisando por primera vez un escenario en la Costa Atlántica Argentina y de allí hacia delante comenzaría lo que fuera una carrera artística sin detenerse jamás. Ganador de 12 festivales folclóricos en Argentina, llegando a Cosquín como evento máximo, en el año 81' ganaría su primer festival que organizaran los Hnos. Zaccaros en Capital Chica, y ese mismo año ganó otros dos más Romerense y Fuerte Barragán, luego pre Cosquín Quilmes, El festival de la Canción Villa Elisa, Festival City Bell, Festival Folclórico de Avellaneda, en Cosquín mismo llegaría a un 2º puesto en el 83, ganador del Festival Mar del Plata 84' donde comenzaría a presentarse como Artista invitado a algunos otros festivales regionales.

.En el 2001 graba su primer trabajo melódico POP Tiger (Para Otro Publico) con canciones melódicas de su autoría.

En el año 2003 el Tango se hizo presente en su repertorio y grabó su primer CD "Como el tango" con clásicos, llevándolo a conocer otro tipo de público, más conservador, y por decantación graba en el 2004 "Como el Tango Vol. 2" afianzándolo también como cantante de tango, y logrando alcanzar una venta importante

En el 2005 graba dos CD, el primero "Mateando en mi país" con recitados poemas y milongas de varios autores y un CD de Clásicos de todos los tiempos, en otros idiomas, "Los Clásicos"

En el 2006 graba el volumen 2 "Los Clásicos en español" con un trabajo que anexa a este, que tituló "De aquí hasta México" con clásicos de este país

En el 2007 Entra a los estudios nuevamente para hacer un trabajo folclórico que se titula "Por ver si te olvido". Este CD cruza el charco y es vendido multitudinariamente, no solo en el país sino también en Europa.

En cuanto a literatura en el año 1991 publica su primer libro de cuentos "Yo Samuray" basado en cuentos de su propia experiencia. En 1993 edita "El Congo Blanco, esas ideas Argentinas" de edición agitada, En el 2000 edita "Del Dr. Amor", luego en el 2013 participa en una Antología poética que se Edita en Uruguay.

En el año 2009 un proyecto se hace realidad creando la única radio emisora Online www.almaenradio.com difundiendo a los artistas que no gozan de difusión masiva y en el 2012 comienza a difundir en la misma forma a poetas de habla hispana

Productor, Escritor, músico, compositor, dramaturgo y Cantante, Sergio Sánchez sigue aún hoy trabajando en dos nuevos trabajos de relevancia internacional.

Alcanzo y rescato

Alcanzo con la pluma en mi mano

el romance alguna vez perdido

y culmino por dejar un suspiro

que regresa cuando pienso en la que amo.

Respiro porque el aire me rodea

y cavilo, ante tu luz, en mi recuerdo

velo sin espacios por tu ausencia,

y mi pasión vuelve a mí como una marea.

Lustros de mi incienso ya elevado

deja, de mantras, mi pecho lleno,

y retorna tu marzo, aquí, a mi enero

como si no te hubieras alejado.

Sueño entre risas de opaca huída y
suelto cabos que ayer me ataron,

dejo libre el sentimiento, porque te he
amado y rescato de ese amor toda mi vida

Creo saber, de oraciones, la más larga
y rezo, de ella, lo más extenso

de ilusiones, amor, pasión y besos
así, el recuerdo, no me sea amargo.

Viniste a ser

Lúcida y blanca te yergues
cual espuma de blindaje hostil
sobre las olas húmedas
de mi estupidez ya senil

y dejas tu retrato impávido
impreso en mis pupilas,
para empaparme de llantos
y de mis dudosas rimas.

Esclava luz mortecina,
clamas por tu venganza burda,
dejando tus escamas de vergüenza,
aún, sobre todas mis dudas.

Quédate allí, en tu suelo,
inerte y fría como la noche,
que aunque terca y dura, no
te haré ningún reproche.

Si te arrojaras sobre mí y

tu peso muerto sienta,

aún así te escribiría,

soy yo, quien no escarmienta

Así que, ¡quédate en tu sitio!

que yo soy, quien solo sé,

que haciendo sombra, aún de noche,

para ser piedra, viniste a ser.

Y partió el pan

Y partió el pan y dijo:

¿No has tenido suficiente ya?

¿No dejaste demasiadas personas atrás

como para decir me corresponde una porción?

¿No se te cae la cara de vergüenza

cuando miras de frente y dices: ¡Dame!?

¿No has vituperado demasiado

como para preguntarme: ¿Y yo??

Toma tu porción... pero piensa...

¿Cuáles serán las preguntas cuando sirva el vino?

Esdrújulo

Lírico, gótico, nuevo y antiguo,

se escapa la idea, divaga,

tratando de ser realidad que aguanta.

Trágico, mágico, listo y tonto,

que cree en la agonía y navega,

esperando descubrir de qué estoy hecho.

Crítico, lúcido, vano y presto,

cegado por estandartes nuevos que caen,

resistiendo la más eterna agonía.

Místico, tácito, lleno y vacío,

se encuentra en mí, vagando y colmando,

atravesando esas puertas, que nunca pude cerrar.

Máximo, mínimo, terco y divertido,

se burla de mí, mientras atravieso mi propio corazón,

y lo empalo a su vista sonreída.

Lívido, pétalos, nace y termina,

como si fuera quien me domina,

sea sexual, sea hermoso.

Crédito, prístino, que da y se oculta,

como si fuera veraz, pero que, en

realidad, jamás se muestra tal cual es.

Música, cándido, duerme y perdura,

que ayuda a que mueras, pero hace que perdures,

por los tiempos de los tiempos y hasta el fin.

Lírico, gótico, trágico, mágico, crítico, lúcido,

mísero, tácito, máximo, mínimo, lívido, pétalos,

crédito, prístino, místico, música, cándido...

Y estúpido...

La pluma maravillosa

La pluma maravillosa de quien la pulsa
es sin más ni más, el llevador de sueños
que sin mediar palabra con nadie
puede hacerte de tu ilusión el dueño

besando el pasado, acariciando el presente
durmiendo las ansias, despertando a la vida
creyéndote único, valorar ser de alguien, enredarte
en una pasión, desamarrarte y ser libre, buscar
entre miradas y recordar lo ciego del alma,
sorprenderte con un beso y hasta rogar por él.

La Pluma maravillosa hace que caigas y te levantes,
que trastabilles y sonrías, que llores y aun así andes,
que insultes y que escuches, que grites y que calles
que luches y te dejes llevar, que te quedes y aun así
pierdas. La pluma maravillosa es la que te hace sonreír
y que añores lo vivido, y vuelvas a
soñar esperando volver a vivirlo.

La pluma maravillosa es la que logra
hacer que vuelvas a hacerlo, aunque sea otra tu
meta, y que esté presente te haga saber
que aún te queda un futuro por recorrer.

ARIEL VAN DE LINDE

Es un escritor Argentino nacido en Escobar, Buenos Aires, en 1977. Escribe poesías de los quince años, momento desde el cual siente recorrer un camino de experiencias de vida que se funden con sus pretensiones literarias.

Por ello la poesía para él, es un arte que expresa un mensaje del alma para la humanidad. Sus más grandes referentes son Jorge Luis Borges y William Blake.

Si sientes

Si sientes que mi pasión te ha atrapado,
no te resistas. Sé una prisionera de mi ser,
y vive cada segundo mis besos.

Si sientes que mi amor te ha alcanzado,
solo entrégate.
Verás que somos dos seres
fundidos en un alma inmortal.

Que tu corazón no deje
de hablarme en mis noches,
que no deje de soñarme,
que no deje de extrañarme.

Existimos para nosotros
arropados en el dulce arrebol,
y el jardín oculto sin éter, sin mente...
Y sabrás comprender la razón de mi amor,
que tu razón de amor aún no comprende.

La única

Dime si en verdad me amas,
porque jamás conocí una mujer
que me amara bajo mi dharma.
¿Cuál fue tu sentir aquél día de
rocío sobre la estatua del prócer?
¿Has sentido mis besos?

Poderosa mujer, aurora sagrada,
retrato de hadas, brío de calma.

Dime si es verdad.....
que fui el primero en tus labios,
que fui el dueño de tu cintura,
que fui las caricias de tu arquitectura,
que fui la pasión de tu hermosura.

La única que forjó mi corazón
con la savia de tus ojos ensimismados,
cuando mi cuya soledad se pregonaba
al vórtice desesperado del infierno.

Dime si en verdad me amas,

me deslizo a tu sacro deleite

como perdido en el Lete inconsciente

respirando arduo tu aroma omnisciente.

¡Oh mi amada!

La única en mi vida...

la única en mis desolados valles...

la única que lleno mi faz terrenal....

La única que me ama en la jaula del alma.

Poeta demente

Piel mármol, traza los renglones, esa
tinta se repliega sobre la hoja, como
el semen precoz en la sábana
sin haber alcanzado a ninguna mujer.

Te ultrajas putrefacto al sepulcro
de tus dientes sonrientes anidando
versos para la antigua muerte austera.

Tampoco temes a la gente,
ni a las sombras, ni a sus estúpidas
locuras amorosas resplandecientes
y te atrapa un espejo, tan complejo,
como un sabio inventor de sueños.

Tal vez así demente me interpreten,

y me siga erigiendo perfecto y atroz

de una propia maravilla indecente.

Quizás, la muerte conozca al poeta

y su prosa, quizás, espléndida se destroza.

Tu piel… Mi piel

Esperaré en un cristal,
el vahaje que desvista la
seducción de tus ojos
erizando mis dominios

y donde el aura aventurera
se hace eco en mi reflejo.

Y en tu piel,
trazar con mis dedos
el camino recorrido

por esos labios vagabundos
orbitando tu ápice de luna.

Volcarme en sus orillas y
sobre la savia femenina
que brota de tu pecho,
dormir sumergido con el
murmullo encanto que
ahonda al silencio.

Solamente en mi piel,

habita un deseo misterioso

desgranando de a poco los

finos vellos que urden tu noche,

el numen deslizando mi aliento

por los vértices dibujados en ti.

Esperaré en un manantial,

el momento que mi piel

se funda junto con tus poros,

y así calmar la sed de tu boca

que sólo mis besos te provoca

en un tibio impávido de sombras.

¡Tu piel, mi piel!

Almas de un Edén cautivo

cuando nuestros cuerpos se chocan

y un jardín donde el sueño te nombra.

El sueño

El sueño...

su viaje nos transporta a un aro inconcebible

de nuestra conciencia, una oscura demencia

que atraviesa ese real paralelo en la sombra,

de un breve descanso donde el crupier misterioso

ahonda cuando su etéreo anillo nos desborda.

Y de sueños,

que a veces son deseos ilusorios de la mente, de

un espectro vehemente asechando al percibir

nuestra presencia sin escucharnos dentro de él,

y nos condena despertándonos tristemente.

¿Será que el sueño es aquél mundo que todos

temen cuando nos transformamos en polvo?

¿Cómo poder dormir en su profundo laberinto,

tan bello, sin que nuestro cuerpo desaparezca?

¿Por qué sólo es una visita del alma?

La noche nos asidua de un ajar temporal

que se detiene en la mera suavidad del páramo, y

junto al dorado anillo atravesamos sus espejos.

Volveremos siempre al sueño

observando aquello que no somos despiertos

en la oquedad de un lenguaje traducible con

inmensos deseos abrazando su eterno reflejo.

¿Me verás en el sueño esta noche,

aunque mis ojos estén abiertos?

La soñadora

Visible es tu rostro que mira una
rosa, visible tus ojos nostálgicos
de entresueños, ensueños y sueños.

El arrebol abstracto, el alba austera,
el ocaso indiviso, la aurora infinita,
se abisman sobre la eternidad de tu
mirada aventurera, también oro y sepia.

Te reflejas en un espejo, que es agua y río disperso,
o ilusorio es el vuelo del alma inversa o cuando agita tu pecho
al suspiro de tibia esperanza.
Avaros son los Dioses... Thánatos e Hymnus...

...pero soñadora te contemplas.
Cierras las pupilas con vista al cielo,
solo imaginando ese deseo irreal
y sonríes añorando existir dentro
del recuerdo indefinido, reprimido.

Se quebró la rosa sobre tu piel,

deslizando sigiloso un pétalo

por tus muslos como el cisne se

desliza en su lago nocturno.

Y estoy allí, aunque distante te veo,

junto al letargo envuelto en lágrimas

y a tus manos voy, y en tu sueño muero.

Bolivia

Mi nombre es Alejandra V. San Miguel Avalos.

Nací en La Paz, Bolivia; un 9 de febrero de 1973. Actualmente resido en la ciudad de Villa Montes al sur del país. Trabajo como administrador en uno de los hoteles de la ciudad.

Sobre mí, puedo decir que soy una mujer con más defectos que virtudes; uno de ellos y el principal: decir y expresar siempre lo que pienso y siento. Eso creo fue lo que me llevó a encontrar y seguir este hermoso recorrido para el cual estoy fijando mis pasos día a día, que son el de plasmar en letras, todo mi sentir.

\

Madre

Eres lo más bello que tiene el universo

luz de mi vida sonrisa que dibuja

mi carisma

Madre

Mujer abnegada y trabajadora

tu dulzura son pétalos de la

flor de mis poemas

dulces cantos mañaneros

del jardín de mis emociones

y tu voz la mejor

melodía que abraza

mis sentidos madre

mía

Te espero

Con las mismas ansias
en la lejana
Incertidumbre mojada
de sueños de mar y
suspiros de cristal no
hay espacio que exista
entre nosotros nos
rodean ángeles
celestiales que cantan
sobre los rayos de luz
y las mariposas
revolotean sobre mi
piel al escuchar

el eco de tu voz para
alumbrar mi penumbra
con tu mirada
de sol .

Te besaré

Todas las noches y los días
posteriores serán roces que dejarán
huellas pausadas y de profundas
como si fuesen el último día
te amaré
tú soñarás

con tu mirada perdida
al caer en la almohada
ansiarás y sabrás
cuánto me necesitas

esta noche es tuya y mía las
estrellas vestirán nuestro
paraíso adornando con
luces brillantes formando
melodías

de complicidad
nos enalteceremos

al infinito sustrayéndonos
el alma y el espíritu

sin aliento pero atrapados
entre el cielo y al infierno
sencillamente con un beso.

Déjame caminar

Descalza por tu piel
sintiendo la sutileza al rosarte
con esa exquisita sensación
que toca mi espíritu y lo eleva
a lo más profundo de tu ser.

Déjame recorrer
el laberinto de tus sentidos
y de tus melancolías
de tus enredos y confusiones.

Deja que respire
de tu aliento para sobrevivir en
esta espera y ser la burbuja que abraza tu alma
porque así saludo la vida y mi esperanza,
y al reencuentro de nuestro universo
Solo déjame…

Deseo

Entrelazar mis letras
llenas de sentimientos
Puros intactos, claros
y apasionados,
enredar tus caricias para que
se mezclen traducidos como
la pasión y el hambre que
ansía mi cuerpo y así
abrigándome con tu
fastuoso cielo lleno de
constelaciones,
me abras la
puerta a tu amor para
sentir tu presencia

Deseo

Entrelazar mis letras con
matices de sangre,
escribir en tu cuerpo,
con cada beso, con cada
sonrisa todo mi amor,

Deseo

Entrelazar mis letras
tan solo para decirte
que mi amor no muere
que aún sigue ahí tan
solo esperando por ti

Inmortal

Cuando grita la piel en el
elipsis de una morada profunda, llena
de ilusión porque el sentimiento

es eterno e infinito vida tras existencia
permanecerán inquietos nuestros
deseos y ambiciones esperando

el regreso del crepúsculo,
revelando al viento nuestros
besos y agonías, caricias y
sentimientos

solo el alba entiende nuestros
movimientos, donde saboreamos
el deseo al compás del murmullo
de la aurora y nos acompaña el
umbral de la alborada venidera,
la esperanza es nuestra mejor
aliada porque nuestro amor es
eterno,
lleno de luz envuelto

en mágicos colores de terciopelos,
pero aún quedan pasos en el
camino porque marcan nuestro
destino donde tu alma y la mía

se funden en una sola consagración.
porque el amor nuestro es inmortal.

VERONICA LAURA VARGAS

(María Verónica De Los Ángeles Del Campo Grande Vargas De Las Nieves -Verito) de nacionalidad Boliviana (1991), nacida a orillas del río oculto, allá entre los pajonales, en un abril cuando la luna brillaba. Amante de la poesía, los colores y la vida.

Miembro actual del colectivo de agresión cultural "PERRO PETARDOS", grupo JACOB (Jóvenes Artistas Cristianos Oruro Bolivia), BOHEMIOS DEL ARTE y MUJER EN OTRO IDIOMA.

¡Eso eres tú!

Límpido cielo de ojos castaños;
dulce veneno que hiere en el alma;
huella que dista al amor del
olvido; eso eres tú.

Ángel enviado del cielo a la tierra;
cálido verano en esta noche vacía;
poesía bendita bañada en recuerdos;
eso eres tú.

Sentimiento oculto que emana alegría;
la vid del cariño que mata y da vida;
un siglo en un día,
eso eres tú.

Sonrisa sincera plasmada en la luna;
caricia anhelada que abriga mi miedo;
tesoro perdido y al fin encontrado,
eso eres tú.

Tontería y Media

Había visto alguna vez dibujarse
tu semblante en aquella colina

y entre la brisa de un suspiro
como un niño titubeabas.

¿Qué decías?

¡No lo sé!

Quizá unas cuantas tonterías,
de aquellas que me gustan oírte cada día,
esas medio dulces que te salen del alma,
creo que suena así:

¡Te quiero mucho!
o simplemente
¡Pienso en ti!

Yo iba a decir lo mismo,
iba a contarte que el día nace en tu sonrisa,
que es en tus cabellos que el sol amanece,
que son tus ojos como cofres de estrellas,
que hay en tu alma campanas de cisnes.

Iba a redactarte lo majestuosa que es tu risa,
que tu locura es mi delirio, que tu locura es mi
vida; que tienes en las pupilas gaviotas de colores;
que tu mano es caricia, que tu voz un dilema.

Que hay un punto en mis venas
  y que ese punto por ley,

ese punto vida mía,
ese punto eres tú.

Iba a confesarte que el aire huele a tu perfume,
y es en tus mejillas que resaltan mis besos. Que
estoy como tonta perdida en tus brazos, que
ayer no es como hoy, ni hoy como mañana.

Que marzo y abril ya andan juntos;
que hay en tu frente un campo de lirios;
que es como el elixir tu esencia de vida e
impresos tus gestos están en mi pluma.

Que no sé por qué, ni por
dónde es que entraste a mi vida.
Iba a decirte que me costó la noche entera
escribirte estas palabras,
sencillas,

  humildes

¡en fin!

tontería y media que dicta mi alma.

Un poema de locos

Te quiero quieto, cuatro
versos bajo cielo;
recostado en alas de mis sueños;
con camisas deshojadas
y miradas retorcidas,

con tus manos en mi hombro
y tus labios en mi frente.

¡Infinito!
Rodeado de colores embriagados,
unos blancos amarillos,

otros rojos azulados;
como verdes esmeraldas
inyectadas en mis venas...

Te quiero dulce, cuatro versos bajo cielo

¡Así!
Con las velas apagadas
y los vinos encendidos,

con ventanas como puertas
y puertas sin salidas,

con los ojos del pasado
y los besos del mañana,

con tu alma por los mares
y los mares en mis manos.

Tan lejos, radiante

y callado,
así **te quiero**
cuatro versos bajo cielo.

Mi otro yo

Tú que estas donde "no te quiero"
que estorbas con tu risa

y me atrapas en tu encanto.
Que juegas como niña

ingenua y delicada y me hablas de amores,
de aquellos que no existen.

Tú que me tienes como loca,
encerrada en tu mirada
y sabes dónde estoy

                                          "y no me buscas"

Tú, que me alimentas
cada vez que tengo frío
y me abrazas... cada vez que tengo hambre.

-Tú pequeña mía-

que vives en mi nombre,
que vienes y me hablas,
y te comes mi agonía.

¡Tú! Complemento de todo,
eternamente mi consuelo.

                   PDT: "*ASÍ TE QUIERO*"

Vacíos

El mundo me aterra,
me enferma y me mata

(Parece un tomate en mal estado)
Hay calles que se tragan a mis
niños y niños que vomitan gusanos.

Hay historias ahogadas en las venas del pasado,
historias abortadas en las mentes del olvido;
mujeres que se arrancan el vientre desde el alma

y que se comen entre llanto hasta el último
suspiro. Y hay vacíos, vacíos como el mío,
profundos y heridos

(A donde siempre es invierno
y no hay soles, ni lunas,
a donde nunca llega el cariño)

Colombia

Karina Gómez nació en Colombia el 25 de marzo de 1976. Puertorriqueña de corazón. Estudió Derecho en la Universidad del Atlántico, Colombia. Cursa estudios de sociología en la Universidad de Puerto Rico, Recinto de Río Piedras. Amante de la literatura, el teatro y el buen cine. Incursiona en el mundo de la poesía leyendo en el V Festival Internacional de Poesía llevado a cabo en Puerto Rico. Actualmente se encuentra trabajando en su primer poemario, "Mujer moderna" junto a la poeta y escritora Lynette Mabel Pérez.

Encuentros mañaneros

Me gustan los encuentros mañaneros

estirar mi mano y sentir los latidos de las letras

con los ojos cerrados recorrer sus siluetas

sentir su calor abrazador

las frases perdiendo su
virginidad al entrar en mi sien.

Ser explorada en mis
adentros. Inventariada.

Vivirme sus gritos de libertad

despreocupada de mis carnes adiposas,

de mis babas secas y de mi pelo desaliñado,

degustada en mis fragancias naturales

tomada como soy

poseída por el desasosiego de sus vidas

desnudada de mis falsas pieles esclavizada

por su deliciosa autoridad. Sí, me gustan

los encuentros mañaneros.

Altares

Ayer vi tu rostro de trébol en las esquinas

ibas tras cada paso de mi andar

-surcos misteriosos-

tus ojos recorrieron mi silueta

acechaste sigiloso mis túneles y balcones,

chapoteaste en los andenes de mi templo,

saltaste de los cristales a la pared,

remodelaste mi fresca arquitectura.

Fui tu presa ingenua.

Quise neutralizarte con ungüentos

olorosos de promesas imposibles,

pero tu garra ignoró mi plegaria.

Afanosamente intenté borrar tus huellas.

Detenerte se ha convertido en mi mayor objetivo,

me resisto: no aceptaré tu conjuro en el espejo.

Mis muros se debilitan, mil altares se desvanecen.

Miro al cielo para invocar mis dioses,

pero veo al sol claudicar en tu negrura.

A mi madre

Desvanece las sombras del reloj

con la claridad de tu sonrisa perpetuada.

Detenlas con tus pupilas de luna llena,

atraviesa las distancias que separan mi rostro de tus manos.

Mis años se disuelven con tus cantos de desvelo.

Platéate junto a mí.

Cobíjame bajo los pliegues de tu piel.

Tuéstame con el calor de tu mirada.

Contagia mis tristezas con tu grito de "Guepale" en

una noche de aguardientes y tambores. Aliméntame

con la sazón de tu recuerdo.

Yo cuidaré de ti.

Jugaremos a que soy tu madre. Serviremos

el café en tacitas de porcelana.

Peinarás tus muñecas mientras trenzo tu cabello. Te

acurrucarás en mi pecho para hacerte dormir. Llenarás

mi vacío con los unicornios azules que el tiempo no

ha logrado robarte,

Mi pequeña niña, mi eterna soñadora.

Nacimiento

Estuve ahí,

vientre árido preñado de hastío,

contenida en el líquido estéril de mis propios ojos,

aferrada al cordón que estrangulaba mis ideas. Me tuviste.

La estrechez de tu cadera aprisionó mi identidad,

meiosis suicida de feto a huevo,

con mi sangre alimentabas mis lombrices.
Me asfixiaste.

El hermetismo de tu falso saco bebió mi última gota de humanidad.

Me abortaste.

Las contracciones

empezaron. Siempre

empujando. Expulsando.

Excretando.

Me pariste a la miseria.

Me dejaste caer por tu entre-pierna.
Sin dolor.

Fui tu descarga placentera.

Floté en un charco hipotérmico de nada.

Perdida en los movimientos centrífugos de mi existencia. Moribunda

-en orfandad-

respiré repetidas rebanadas de aire,

unifiqué mis divisiones segmentarias,

hice siluetas de lo amorfo,

me amamanté con el sumo de mis propias

tetas, me arrullé con mis lamentos,

afilé mis encías con tus recuerdos.
Nací.
Crecí.
Soy.

Salvaje

Soy una yegua salvaje.

Indómita.

Terca.

Agresiva.

Me paro en dos patas.

Relincho.

Golpeo el suelo.

Levanto polvo.

Desafío.

Resuello.

Vivo salvaje.

Pienso salvaje.

Me meo la silla.

Escupo la jáquima.

Ese es el pecado.

Soy una yegua.

No soy un caballo.

LUZ RAMIREZ

Mi vida un eterno viaje poético. Entre renaceres de esperanza y juegos de ilusionadas añoranzas... Pasión que era un hilo de adivinanzas del futuro... mientras tejía desde los años puros un pañuelo de ilusiones. El constante latido de versos taladrando mis sienes... El aire que me roza mueve ante mis ojos un sartal de rimas que se calan en mi mente y hacen que mi vida sea poesía viva. Los silencios hondos acompañándome, cómplices de mis composiciones.

El acoso desmedido de plasmar en un lienzo mi fuente de inspiración... llevo conmigo siempre el deseo de que la magia de una pluma escriba lo que emana sin compasión de mi sentir. Influenciada por las lecturas de Gabriela Mistral, Amado Nervo y Alfonsina Storni...me tientan los versos de amor, la nostalgia y las desilusiones... pero en mi alma... muy fuerte el despertar y renacer entre las brasas y un rescate de los naufragios tocando el azulado cielo.

He escrito poesía para obras de teatro y para periódicos de asociaciones líricas en mi época estudiantil. También colabore en la edición de revistas de la Asociación de Profesionales Colombianos en New York, NY y contribuí con mis poemas en eventos literarios. Recientemente obtuve reconocimientos a través de Radio Satélite Visión/ América Visión en el mes de marzo 2013 por el poema "Tu voz" y en el mes de Junio 2013 por el poema "Madre".

En esta antología mis poemas llevan en sus coplas quejas al viento de amor, el éxtasis de los tiempos, las soledades hablándole a los silencios y ese otoño que se vuelve gris en su espera cuando se aleja el amor.

Hay en mí esas ansias de que los carruajes de la senda del olvido… desvíen su rumbo y vuelvan locos embriagados con vahídos de pasión. Existe en mí por siempre una esperanza insertada en las fosas del silencio, que vislumbran un cometa al que me aferro y me baña con caricias la escarcha del infinito cielo. Moriré en poesía pues camino de su mano y es mi guía.

...Éxtasis

Súbito júbilo, impregnado en los cayos
de la euforia estática.

Mareo de ilusiones que jocosas
se mueven escalando cimas.

Rotos parámetros encajando y engranando
¡Es el volcán que explota! Erupcionando: ahogando.

Éxtasis de los vientos, todos en conjunto huyendo
en un eco al umbral del firmamento.

Alabando los sueños, halando de sus alas y gritando éxito.
Se pasma el tiempo y hay parálisis en los péndulos.

Hay un hijo que ríe y su madre llora dicha,
es el momento un desquite a la desdicha.

Las nubes negras desapareciendo lejos,

un tono naranja se apodera del brillante cielo.

El crepúsculo: un hálito que espera adoración,

seres en el planeta tierra pasmados y en acción.

Aves que vuelan con un aire esquizofrénico.

¡Es un conjuro loco lo que habita en el tiempo!

Rotan mis ojos y en aposentos moran
¡Ay! los recuerdos de lujuriosas horas,
nuestros cuerpos enlazados se bebían

y en espirales frenéticos del amor vivían,
succionando del alma cualquier suerte,
para explotar en un éxtasis de muerte.

Ahora

Ahora que te veo despojo el sentimiento

¡Ahora! Se hacinan en los campos de trigo,

las noches taciturnas y las dulces auroras

¡más tú, no estás conmigo!

Ahora es que el recuerdo de tus gitanos ojos,

reflejan asustados mi suerte entre tus cartas

¡No en vano me mostraste que es un juego el amor! y

en su apuesta se encuentra sin alma el perdedor.

Ahora, saludo yo a los vientos:

es un arte lidiar con su flujos e influjos.

¡Hay tormentas que anuncian derrotas de

orfandad! ¡Hay ocasos que traen amor y libertad!

Ahora me quedo yo vacía con poco entre mis manos,
tu egoísmo despojó mi corazón de anhelos,

sacudo mis angustias y beso la esperanza,
agarro de la mano muy fuerte la templanza.

Vuelvo a mirar y contemplar tu rostro
"puedo ver que me esquiva escondiendo su huída"
Tu boca: muerde fuerte un adiós insistente.
¡Ahora, en este mismo instante! Decido yo perderte.

Otoño

Hojas muertas y mustias en el suelo,

corazones heridos y almas en desvelo,

es todo lo que veo en esta noche triste,

Llueve afuera y hay una canción

porque te fuiste.

Noche sin igual: ¡Te siento inmaculada!

Todo respira amor y la carne se vuelve voluptuosa.

Amo esta noche, aunque no halle tu mirada,

Será porque te busco en una hoja

sin vida y silenciosa.

Yo amo el pensamiento, aún más que las palabras y

al fin el pensamiento es un otoño oculto,

con tantas ilusiones, sin puertas que se abran a

mi querer profundo envuelto entre tumultos.

Otoño pensativo, taciturno, gris, lejano

sos muestra de lo real que hay en el humano.

Otoño que te vas con huellas en los pastos,

deja que te despida con risas y holocaustos.

Estás distante

No hay nadie conmigo en este instante,
mi alma vaga en solitaria espera.

Se estaciona, razona, busca, se
atormenta ¡Muy distante te encuentras!

Con ojos titilantes, su hálito se transporta,
sus pupilas dilatadas se arrebatan. Ráfagas
de ilusión desatinadas se destilan:
veo tu sombra que deambula en la distancia.

Vuelve mi alma en su delirio a
Murmurar, acariciar, respirar, ¡hay vida!
Me esperas en esta disfrazada soledad.

¡OH corazón de tantas noches! Te siento libre
Tus letárgicos manoteos anuncian tu llegada.

El séquito que traes viene en carruaje desbocado
¡Tan desatinada es tu huída como tu andar!

Tengo trémulas dudas, no estacionarias.

Pasas el bosque sombrío, mi contorsionista.

Es tu huella una utopía desprovista.

Regocijas mi alma con la insignia que se avista.

Te alejas y regresas, creo posible esperar.

¡Quédate amor con tu candor!

Fabriquemos ensueños que desprendan,

cristalinas ilusiones en su vuelo.

¡Dame tu mano, que es de dos, la historia de este sueño!

Tu Voz

Tu voz en mi silencio.

Rasgando en las distancias,

tropezando en los sauces,

cayendo en las cascadas.

Es ahora, fusión de huecas silabas amadas.

Rodea los espacios, se mezcla con la brisa,

se filtra en mis cabellos, ráfaga entre los aires.

Taladra en mis oídos ¡Lucho por encontrarte!

Tu voz y ese silencio, tu eco que se expande.

Gélida y súbita compulsión, ruido de atados oleajes

¡siento tu dulce voz salir de los follajes!

Del enmarañado paisaje, su oscuro laberinto,

me llevan a encontrarte, pero tu voz se esparce.

¡Fallidos los latidos en el mustio

silencio, cesa tu voz andante!

Chile

AKIRESILVA=ERIKA SILVA

Nació el 4 de octubre de 1957, Santiago de Chile, en primavera, siendo la hermana mayor de la familia. Cursó estudios superiores en la Universidad de Chile, Facultad de Ciencias donde terminó la licenciatura en Ciencias con mención en Biología y continuó con el posgrado de magister en ciencias ecológicas con mención en limnología, el estudio de las aguas continentales.

El destino le cambió sus rumbos y la vela se izó hacia el lado del comercio, los seguros y el asesoramiento en jubilaciones. Nunca nada le faltó. Todo brilla a su alrededor, teniendo tres hijos maravillosos que tuvieron la suerte de migrar hacia otros mares lejanos, que les han abierto los brazos para ser personas íntegras de los cuales está muy orgullosa. Actualmente vive en compañía de su pareja de más de dieciocho años con quién comparte las andanzas del diario vivir, aunque no así de su placer por las letras, ya que lo considera poco económico.

Esta veta la ha descubierto solo hace unos tres años, a través de internet, al descubrir la presencia de varios portales con miles de usuarios con el mismo interés. Escribir por escribir. Actualmente participa en dos talleres de literatura que el Municipio de Macul brinda con el profesor Oscar Saavedra, joven literato chileno con un futuro muy brillante en estas artes, y con personas reales que aprenden a expresarse cada vez con más imágenes literarias.

Papá

Vuelos de alondras que
revolotean entre tus cabellos,

recuerdo,

los pensamientos largos de tus
voces y añoro tus besos.

Eras el sabio de mis días infantes,

superhéroe de mis mil y un cuentos,

en que soñaba que volabas

o que vestías de soles radiantes.

Hoy que cansada me siento,

hoy, que tu voz se perdió en el viento,
me arrullas con una cueca,

en que yo danzo en tus versos eternos.

Patagonia

Patagonia, desconocida y virginal
aún te quieren violar,

a pesar de todo lo implorado
te quieren aniquilar.

No importan las plegarias de miles
ni las decisiones de altos jueces
disfrutar de tus grandes riquezas el
dinero demanda con presteza.

Todos los poderosos se unen
y conjuran su maldad

pues es más potente que la vida
la farsa del humano bienestar.

Penas amargas

Cómo decirte lo siento por

permitir que pidas pan,

cómo decirte perdón

por permitir tu abandono,

cómo decirte que amo

y cierro mis ojos.

Son tus desgarrados dolores,

que amargan mi copa,

es culpa de mis horas, es

culpa de mis silencios.

Mi cobarde callar,

África mía oigo tu gemir,

ladridos los oigo, por no comer,

ballenas que no tienen otro mar.

Los campos lloran,

los árboles lloran,

y yo callo las penas

amargas, no lloro,

solo no lloro.

Vida

Vida,

¿Por qué naciste tullida?

algo coja,

sin cola,

ciega, sin caparazón de almeja.

Vida,

te quiero, así de mal parida

estás loca,

como la poesía,

sin membresía.

Vida,

que te amo tanto,

eres un canto cantado

por una vieja, que

entierra el tiempo

o el tiempo la olvida…

Violeta chilena

(Poema dedicado a Violeta Parra) Gracias
a la vida, que le ha dado tanto… llena
estás de espuma, de mares chilenos.

Gracias a tu vida, nos leen ángeles ajenos,
gracias a los Andes, que le dio el canto.

Sonidos de los antiguos indios buenos,
píntanos violetas chilenas, en poemas llenos
danos tus leches andinas, de tus senos.

Téjenos suspiros, de tus largos caminos
gracias a la vida, que canto tus destinos,
aprendí amar a Chile, con otros rezos.

En rezos profundos, en rezos de amantes eternos.

Tony_Drüms

Cuando por primera vez vi el mundo con los ojos completamente castos, descubrí el arte inconscientemente, que con el tiempo se reservó en mi infancia, para brotar y cuajar en mi adolescencia. Descubrí que mis manos tenían un innato estilo de moverse, y las muñecas particularmente se movían, de manera que la música y la percusión eran mi decisión de sonreírle al dolor de la vida. Mi cabeza tenía pensamientos y percepciones, una manera de ver las cosas de tal manera que me veía distinto a los de mi edad; todo lo escribía, y era mi mejor secreto: la poesía. Al pasar la arena de la clepsidra inevitable por los dedos del destino indeciso, me di cuenta que la poesía era mi encanto único, mi deliberación, y la batería, mi pasión y mi descargo emocional.

Antonio Ibarra Rojas (1988 – Presente). Me denominé Tony, porque Antonio es muy exagerado y típico, y Drüms, por la batería en inglés (drums, en inglés, pero con las diéresis le da un toque latino: Drüms). He participado en muchos foros de poesía, como también en agrupaciones culturales de mi país, sin embargo, no soy muy competitivo, soy más participativo. Lo que escribo y se lee, es más que lo mismo de lo mismo que siempre analizo de las cosas, el amor, la naturaleza, la existencia, la pobreza del alma, la riqueza del humilde corazón. Es hora de partir, al tren del tiempo gratuito.

25 de Octubre

El cielo ha cerrado sus párpados cansados.

La luna enciende las velas del manto que nos cubre,

y envía un suspiro en su fresco hábitat nocturno.

Cada uno de nosotros, infalibles y enamorados

precisamos un poco de inspiración,

en el momento que deseamos el verso silencioso y

tímido desde nuestro subconsciente, las olas que

revelan en el ignorante capricho,

tu frágil pensamiento a revelar tus deseos:
Solo así yo sigo el misterio de tu mar.

Cada vez que la observo, lacónico

absorto en sus bellos movimientos

su cabello sudado, sus disolutas piernas ofrecidas a

la luz del sol que la florece instintivamente mullida

su piel que acaricio ante su luz;

ese día fue sorpresa, y repentino me impresionaba

el tiempo regala inolvidables besos lóbregos,

no lo olvidaré; su sonrisa, aquella alegría prosperada.

Maravillado e intimidado no podía creer y sentía

escuchaba campanas, gorriones y vientos frescos

pude entrar, me hizo pensar… no sé cómo explicar,

pero en secreto la hocicaba y se encandilaban las

emociones. Ella conocía de frutos dulces y secos,

del jugo del manto de la carne acalorada,

y me dibujaba besos con sus labios efervescentes

yo dibujaba dedos con mis manos en sus piernas

hermosas. Un 25 de Octubre, un lunes inolvidable

conocí un jardín de ósculos, la hice viva; los

abrazos y los juegos, los tactos y las risas la

noche y sus velas estrelladas.

Cada uno de nosotros, en cursilerías o razonamientos

Jamás olvidaremos las noches encandiladas

la luna que nos llena de mareas y soplos

la que a mis ojos hizo ver, la cuna de la pasión.

Cosas de enamorado

I

Quisiera ver las redes de tu instrumento vocal,
escuchar tu voz secreta entre la confianza
enmalezada.

Yo quisiera escuchar tu voz, quisiera sentir el
sonido de los aplausos de una mariposa con sus
élitros adolescentes que revolotean
entre el verdor de una vida.

Quisiera escucharte recitando el centro de tu pecho
y que salpiquen tus entonadas a mi cuerpo en bruto
como el pan que se endulza con mermelada:

La máquina auditiva de mi nacimiento no tiene
el conocimiento de tu fuente vocal que acicala
¡Mi enamorada!

-Pero tu rostro es venusto templo de calipsos-y
el recitar de tu poema hecho en el campo

es el encanto de la mariposa que vive
entre el verdor de las hojas.

La mariposa se oculta en mi esencia méndiga

como pupa, como secreto testamento,

que no saldrá, que no escucharé

mientras no escuche tu voz en mi voz auditiva.

II.

Creo en el polen que producen las flores:

Creo en el viento que despega por el vítreo cielo:

Creo en la mezcla que sus objetivos comete:

Creo en el polen que viaja por el aire y florece

en lugares miles, a miles de kilómetros vegetativos.

Creo en que llegarán mis llevaderos mensajes

hasta tu capilla femenina desde donde te cobijas.

Ahí va lo que te dedico en pólenes: florecerán mis entrañas

y esculpirán con el viento el diamante de tu vergel.

III.

Musa aurífera. Princesa de los corceles.

Dama de piel lunar. Cascada inolvidable.

Tu nombre me lleva a un sueño hecho acróstico.

Toma mi mundo como si fuera tu nombre
un nacimiento de potrillos, mi mundo es

como las iniciales de tu dulce suspiro,

y si te gusta la belleza de un cauce, yo

aprovecho de embelesar el fango;

y si me obsequias un abrazo de amantes,

yo aprovecho de bendecirte los hombros.

Juntos somos todo lo que basta

para limitar las fauces del abismo que esperan

en nombre de la desesperanza punzante.

En el naranja de tus gustos interesantes

yo solo quiero cumplir a tus dioses femeninos

para que cada estación del año sea

tu fortuna de árbol y sus frutos.

Piensas más de la cuenta del reloj,

y los segundos del minutero de tu corazón

como la sangre se derraman por los números venales.

Y la pasión fulgura, en mi antorcha interior

que apaga y enciende por tus sentimientos

y por tu nombre de metal amarillo.

La Poesía al poeta: duele soledad y pena

Yo vivo de tu dolor poeta Tony_Drüms,

Embriagado cada noche álgida de cuerpo de estatua agonizante

mientras nazco por el vientre de tu lápiz ponderado,

regurgitas lágrimas de tu boca y memoria sofocante.

Y quedo inválido vez que rompes tus pensamientos

desde que sientes la pupila al lavatorio y envejeces,

sin noción, sin pálpito de nada de remordimientos te

sumerges en el antro de tus miedos y convaleces.

Emites mi figura y sin saber que decir solo observas

la sombra muerta, la pared machacada y los

bolsillos para cuando llegue la chispa que vicioso

anhelas, solo dominar con la angustia despiadada

los estribillos.

Conozco tus pensamientos
íntimos, todo lo que guardas

¡¿Quién más que yo podría decirte Tímido y
Perdido?!

Si tu pena es como el jarabe adictivo a tus demandas
que te esconden y te desorientan del presente
decidido.

Yo vivo de tu dolor poeta Tony_Drüms, y la pena,
la soledad y tu cuchilla sepultada, toda tu emoción,
todo me es necesario para hacerte vivo y cena,
para alimentar tu tormenta y palpitar tu corazón.

La lozanía del hombre

Es tan solo preciso reverberar

el camino lóbrego del ser querido,

para cuando la muerte precisa lo

visite, solo así, el corazón se derrite.

Es tan solo preciso juzgar el defecto

y manchar a escupitajos la obra de arte,

para luego con ímpetu llorar arrepentido,

solo anonadarse con deleznable misericordia.

 Y el benjamín, y el maduro y el cano

les pesa un plúmbeo remordimiento,

como cuando el gusano come de su

carne, de su infestado cadáver ingrávido.

Pobre de nosotros, los ignorantes peces

que nadamos en el agua sin presa,

y sin objetivo concreto ni indispensable

solo esperamos que la ola nos azote.

La masa necesita ver la muerte del otro para guarecer sus obras vitales; lo hunden y lo critican, lo aplauden y lo mofan, para muerto inmaculado y hecho héroe.

Ecuador

Lorena Alvarez Cañarte, nací el 11 de marzo en Guayaquil – Ecuador… Desde los 14 años me dediqué a escribir poesías de amor; esta pasión la adquirí de mi abuelo paterno, en mi adolescencia y juventud participé en festivales de Oratoria en el colegio, hace dos años escribiendo en Facebook , una escritora de Puerto Rico me motivó a escribir poesías e invitó a participar en su página, por insistencia de ella comencé a publicar en su página, ahora lo hago en más de 236 páginas de Poesías. En el año 2012 participé en dos Antologías, Concurso Anual de Literatura Internacional LAIA de cuentos o relatos cortos, también en el **CÍRCULO LATINOAMERICANO DE ESCRITORES** donde con el poema: Ángel de mi vida, obtuve un cuarto lugar de 136 poetas participantes de todo el mundo. He obtenido muchos reconocimientos en certámenes de Poesía en los que he participado; en agosto del 2013 saldrá mi Libro Colección de Poemas y Poesías que llegan al Alma, con el auspicio del Municipio de mi Ciudad.

Dios mío

Ayúdame a atesorarme en esta vida

enséñame a ser libre quítame estas cadenas

que engrilladas me aten a cualquier sentimiento.

Quiero volar,

volar tan lejos donde se una el mar y el

cielo donde todo sea paz

y no haya eco en el silencio.

Donde el ego, la ira y el dolor

no tenga cabida y me lastimen mi corazón

donde la tierra, su frescura y humedad me

abriguen con piedad.

Donde pueda tener una plática directa con vos

donde no necesite mi boca

para que alcen su frente

y que escuchen mi voz.

Dios mío

haz de mi cuerpo un jardín
donde no se necesite mi corazón
para ser feliz.

Donde sus raíces

sean el letargo de mi sueño eterno
donde no llegue la primavera, el verano
el otoño, ni el invierno.

No importa que hagan

de mis cimientos un festín seré
feliz, si eso sirve de abono
para que florezca el más bello jardín.

Quiero dejar plantada
la semilla del amor

para que me recuerden con ternura
todos aquellos que alguna vez
 les entregué mi corazón.

Como ave quisiera volar

Como ave quisiera volar

surcando nubes

traspasando fronteras

ahogando mi dolor en el tiempo,

sepultando mi corazón, mis sueños

y mis anhelos

en algún lugar del mar

donde no quepa un pedazo de cielo.

Como ave quisiera volar

libre, sin ataduras que me aten a mi conciencia

sin pedir autorización a don corazón

y encarar mi vida

con o sin maleficencia

tener libre albedrío

al escoger lo que deseo hacer

sin un corazón que me ate algún sentimiento

que me haga sufrir o me enseñe a querer

quiero ser libre... otra vez.

Carta de una madre a su hijo

Abrázame ahora ...
que aún me quedan fuerzas para
abrazarte dime que me amas ahora...
que aún tengo vida
y puedo escucharte
dime cuanto me extrañas ahora ...
que tengo vida y puedo acompañarte
dime cuanto te hago falta ahora ...
que aún tengo vida y puedo ayudarte
dime lo imprescindible que soy,
lo mucho que me necesitas
dime lo mucho que me amas...
que necesitas mis caricias
pídeme que te acompañe a pasear ahora ...
que aún se mueven mis piernas regálame una rosa ahora...
que aún puedo contemplar su belleza recuéstate en mi hombro
ahora ...
que aún puedo darte mi apoyo regálame tu ternura
hoy ... que aún puedo devolvértela con dulzura
disfruta de mi presencia
 hoy ...
 que aún tengo un hilo de vida
no quiero que me visites en el panteón...
 no quiero verte sufrir.

Mijard Inero

Ven... atrévete a ser mi jardinero
posa tus manos en mis cimientos
profana mis senderos
cuida aquellas rosas
que tanto años cuidé
con tanto celo.

Ven... aliméntame a besos
fertilizados de dulzura y de esplendor
lléname con caricias
incítame a hacer el amor.

Protégeme con tu cuerpo
riégame con la miel de tu querer
hazme inmensamente feliz
enséñame lo que se siente... ser tu mujer.

Guayaquil ciudad hermosa

Guayaquil, ciudad hermosa
acogedora urbe cosmopolita
madre de ilustres luchadores
que por defenderla y libertarla
gustosos y con honor... ofrendaron sus vidas

Bella, amada, sutil señora
de tan hidalga noble albergadora
que abrigas en tus brazos con gran ternura
no solo a los hijos que engendraste
sino también... a los que con gran amor adoptaste.

El Malecón 2.000 tu niño consentido
el Boulevard, Las Peñas, El Centenario
tus hijos preferidos
tus plazas, museos, parques, calles
en todo su esplendor
tus hijos propios y adoptivos
que te admiran con amor.

Madre ilustre de precursores héroes que perpetraron grandes hazañas que a mano y puño rasgaron la maña del subyugante dominio español.

Airosa, radiante luce mi urbe Huancavilca
que abriga en su seno a propios y extraños
y da abrigo en su seno a cada aledaño
de su amado y lindo Ecuador.

España

En estos tiempos difíciles, en los que nadie apuesta por nadie, en los que todos creemos caminar solos, a veces alguien levanta la voz y nos recuerda que estamos vivos, nos hace pensar en lo esencial de mirarse a los ojos, de compartir, de expresar y de sentir, nos recuerda la importancia de la piel, de comunicarnos a través de los sentidos y de vibrar con el dulce contoneo de los sentimientos.

Cuando me propusieron participar en esta antología, pensé que esta era una de esas ocasiones, un grupo de voces, un ramillete de palabras desafiando a la absoluta desidia, a la total indiferencia, un grito y un llamado a dejarnos sentir y a soñar juntos.

Por eso escribo, porque escribir me da la libertad de expresarme con mucho más que palabras, hacerlo en sentimientos o emociones, grabar en el tiempo instantes y hacerlos atemporales, siempre he tenido esa necesidad, quizás es por eso que digo que yo no escribo poesía, es la poesía quien me escribe a mí, no soy poeta, tan solo alguien que siente.

Carmen Cano.

Mi tierra

Viendo la lluvia recorriendo los cristales,
pienso en la tierra de ayeres olvidados por
las voces de un presente que se cierne
oscuro como este cielo encapotado.

Recorro con la vista aquellas gotas
que resbalan formando remolinos
entonces pienso en Sanchos y Quijotes
confundiendo gigantes con molinos.

Bendita locura de los genios de mi tierra,
porque así es mi España
que se inventa y se reinventa.

Ahora la lluvia ya no parece tan pesada,
incluso puedo sonreír mientras la miro,
por muy incierto que nos pinten el camino
sabremos renacer cada mañana.

Porque mi tierra no son los hombres que
gobiernan ni el futuro vestido en negro luto,
tampoco es el pasado enterrado en la cuneta.

España es el presente y la protesta,
las voces que se alzan ya cansadas,
la mano tendida de un amigo
y una puerta siempre abierta.

La noche

Desde el viento helado que abraza esta noche,
desde la negrura extrema
donde espectros convierten las luces en sombra,
una mano sin mano me agarra y detiene.

En la negrura enlutada que viste esta noche,
un rostro sin ojos me mira y se ríe
esconde en su mueca sabor de condena,
tortura silente que ahoga y oprime.

Con el sordo grito que azota esta noche, un
silencio roto reventó cristales perforando el
alma con horas que asfixian, crueles cadenas
que encadenan penas.

En la fría, sorda y negra noche
en que debía soñar
la hoja afilada de la soledad
congela la sangre helando hasta el alma,
deteniendo el pulso, deteniendo el mundo....

Efímera existencia

A veces la vida se torna distante,
un etéreo sueño desdibujado en la noche
caleidoscopio de ilusiones,
sombras fantasmales que me acechan,
vida de sueño moribundo,
que al abrir los ojos ya me deja.

No, no quiero cerrar los ojos,
quiero contemplar lo que es mi
vida, este instante que es eterno
en mi efímera existencia.

Poesía de la calle

Me gusta la poesía de la calle

La que veo en la cara de una madre,
mientras disfruta de los juegos de sus hijos en un
parque.

La que escriben en besos fugaces los
enamorados que sueñan tener una vida conjunta
por delante.

La que dibujan con pasos lentos los ancianos,
sembrando lecciones de vida en su andar titubeante.

Sí, me gusta la poesía de la calle.

La que recitan los pájaros con sus trinos
buscando asilo en los árboles mientras se muere la
tarde.

La que se vuelve balada del grillo insistente,
entonada en cualquier noche del mundo de
luces ausente.

La del sol que se pone y también cuando
amanece.
\
La de esa luna que se despereza lentamente
guardando secretos de amantes ardientes.

Sí, definitivamente me gusta la poesía de la calle,
porque no entiende de versos ni de rimas, porque está
viva, porque no necesita de palabras escritas para
expresar lo que siente.

Amar sin Miedo

Me siento frente a ti

y poco a poco dejo caer

cada una de mis capas,

descosiendo las costuras

de esa armadura que tejí.

Primero dejo caer el ayer,

desnudando los pesares,

las culpas y el tormento,

para vestirme de veranos

floreciendo piel con piel.

Ahora, desdibujando los miedos,
voy perfilando el presente
pintando emoción
en cada encuentro.

Abrazados soñamos un futuro

germinando en las sonrisas

de los sueños olvidados

para soñarlos de nuevo.

Así, toma mi mano

porque hoy me he propuesto

volver a amar sin miedo.

Chema Cotarelo Asturias, nace en Taramundi (Asturias) en el año 1961. Poeta, dramaturgo, articulista. Tiene publicados varios libros de poemas y ha escrito las obras de teatro "Misa poética", "El presidente" "El ensayo" y "El sueño de Federico" para teatro y flamenco. De reciente aparición en editorial Vitruvio, "Poemas de Leonard von Scotrodfinger". "Cuanto cabe un una mano" está dedicado a Vicente Aleixandre, José Ángel Valente y Antonio Carlos González, con quienes compartió amistad y poesía. La recaudación de este libro fue destinada en su totalidad a Manos Unidas para crear una escuela para niños no escolarizados en Kabichbich (Camboya). Ostenta varios premios de poesía así como el "Clara Campoamor" por la igualdad entre los hombres y las mujeres. Sus poemas han sido musicados por varios artistas y traducidos a varios idiomas. Pertenece al Centro Andaluz de las Letras y a academias literarias de Italia y Portugal. Ha representado a España en varios encuentros internacionales en Puerto Rico, Nueva York y Pensilvania. En 2013 fue nombrado hijo adoptivo de San Lorenzo (Puerto Rico).

(De Paréntesis, Valencia 1981)

Pido que se me escuche por justicia.

Que mi nombre se borre, absoluto,

de la historia ignominiosa de los hombres

y que mi imagen no se recuerde

en las mañanas lustrosas y sosegadas

sin aquel niño haraposo y hambriento.

Pido al sumo Dios

o a la esfinge del tiempo

beber del peor amanecer de luces

pero que alguno de estos versos

se lea en la noche que precede a la agonía.

(De Sombra de los limbos, Valencia 1983)

Busco al hombre que llaman "yo"

y lo encuentro escribiendo un poema.

Lo miro, sé que me sonríe

y por dentro nos reímos de todo;

de todo, excepto de la última carcajada

cuando nace el llanto.

(De Cuanto cabe en una mano, Granada, 2002)

Perdona por el daño que le hicimos

al amor, cuando negamos

todo lo que de amor vivimos

y amando, insinuamos.

Perdona por los besos que no dimos,

por el sueño en el roce de los labios

que negó el viento en su abandono,

por las manos, por las manos…

(del CD, En otros labios, Granada, 2003)

Dejaré de quererte, cuando los ríos se sequen,

cuando dejen de írselos que más se sienten,

cuando las rosas no sepan que son hermosas,

cuando al despertarme tu siembra no sean caricias

y tus besos la simiente…

Dejaré de quererte

cuando de los semáforos tristes nazcan flores

y ya no te recuerde.

(de Sinfonía y llanto para una guitarra, Granada, 2005)

¡Que se hiera el bronce de las

campanas! De las campanas que tocan a

difunto, de las que anuncian al alba

a los estigmas de las flores

y a su solemnidad diluida en guirnaldas.

¡Escucha, escucha ahora! No, no es una

abeja ni siquiera un poeta, ni el oro dulce

del agua cuando canta: es un ruiseñor

en esta humilde jaula murmurando

todos los vacíos que llenan el alma

y trae en su canto días desprendidos,

niños abandonados a su infancia,

No le pongas grilletes a la rosa

ni a la forma de pañuelo de su sombra.

Deja que vuele como la tristeza de no

verte, como la pavesa de luto

que se anega en la memoria,

y que Dios te deshoje o te regrese

con la ternura de quien da la

fragancia y calladamente se aleja,

y se hiere

y se queda sola.

(de Brevialia, inédito, Granada, 2009)

Pasaréis las palabras

como pasa el arado sobre la tierra

ignota. ¿Con qué lluvia las regaréis?

¿Con qué estiércol las abonaréis?

¿Quién quitará la grama,

quién la ortiga y dejará la rosa?

Pasaréis por las palabras y seguirán solas.

XVIII

                A Fran Antón González Sanmamed

La barca aguarda.

Caronte se acaricia la barba.

Es una mala señal.

¡Vamos, vamos! Que no tenemos toda la vida para

esto. ¡Tener toda la vida para un solo minuto de gloria!

(de El silencio colmado, fragmento, inédito, Granada, 2010)

Ponemos los pies en el suelo y no pensamos

en el mundo invisible que nos sostiene y

alimenta, el que nos transmite la intención, la

idea, la fuerza.

"El mundo se mueve, los ríos entran en la garganta de leones

y antílopes" y el hombre de antes del tiempo

lanza su flecha y la flecha en el viento conecta

a una constelación precisa que contiene otras formas,

otros árboles, otros brotes, otros soles, otras

.

El hombre de antes del tiempo, el poeta, lo sabe;

oye ese rumor de debajo del mundo, oye crecer la raíz y

cómo corre la savia hacia arriba y se mete en la hoja, en

el estambre, y se bebe la luz del otro lado de la vida.

(de Postales de Istanbul a Granada, inédito, Granada, 2012)

Las ciudades, como nosotros, se
cruzan, se acurrucan, se abrazan;

estrépito de luz sonora, oscuridad
que se interpone entre la voz

del agua que canta en la Alhambra y
el Bósforo, en el mar de Mármara.

Por aquí anda Ío, hija de Ínaco, amante
de Zeus, alegremente pastando;

por aquí, las rocas derrotadas por Jasón,
Simpléades, aleatoriamente separadas.

Vuelvo al pez que levanta el vuelo

un instante, para retornar a su morada,
libre por un momento, mientras vive

y oye el dulce trino del pájaro que canta.

Así te recuerdo, levemente enamorada,

pleamar de besos y de caricias,

rebelde contra la vida y la realidad reflejada.

(De Poemas de Leonard von Scotrodfinger, Editorial Vitrubio, Madrid, 2013)

Tuve que alejarme para verme;

desaparecer, irme un tiempo para

reconstruirme y saber de mí.

Ahora, después del tiempo

me reencuentro me inspira esta forma.

Reflexiono y puedo llegar a entender

algunas cosas pero no la huida

ni la muerte, ni la fiebre,

ni la sed, ni el llanto,

ni la definitiva conjunción

para que yo volviera y os cantara.

Yo, el más nimio de todos

regresando a la vida para esto.

¿Hacia dónde irá la luna esta noche?

¿Irá hacia ti, como siempre?

La pierdo por el horizonte

en el círculo de la oscuridad sin nombre

entre jaramagos, musgos, ortigas.

Y tú, que me naces incandescente,

fuego sobre la sombra húmeda,

que sale cada noche

a recorrer mi leve cielo

y nunca sabría decir

si ambas sois sólo

una; la misma.

Felipe García Espada

Nací en Madrid (España), el 09 de diciembre de 1967.
Mi espíritu inquieto, me ha llevado a realizar estudios en muy diferentes campos. Licenciado en medicina tradicional china, es en lo que actualmente trabajo.

Soy un buscador incansable de la esencia de la vida, la libertad y la belleza.

Desde jovencito me gustó la poesía y escribí algunas cosas, pero en los dos últimos años, gracias a la participación en foros como "Mundo poesía" y "Susurros del alma" ella se ha convertido en una forma de expresión donde cada vez me siento más cómodo.

Los poemas seleccionados para este libro giran en torno al amor. Hablan de pasión, alegría, desengaño y en alguno se oculta divina, una musa mística.

Espero que sean de su agrado.

Tu nombre

Tu nombre repito mientras gozamos,
intentando aunar en un susurro
toda la belleza que desprendes.

Pero al rato lo olvido
y entonces te llamo vida,
cuando no siento diferencia
entre tu cuerpo y la existencia
de un espíritu absoluto.

También te llamo amor,
al descubrir,
que no tienen fin nuestras caricias
que podría vaciar mi ternura
en cada poro de tu piel desnuda
sin agotar todos los besos y delicias.

Mas otras veces, mirando a tus
ojos, quedo en silencio,
queriendo descifrar el enigma
de todo lo que ignoro.

Caja de música

El cielo regala un azul intenso;
hacia el fin de mi verano siento
las brisas del otoño.

Camino en soledad entre
miles de personas.
Somos cartones huecos
que por cinco agujeros
devoramos apariencias,
engullimos ilusiones.

Mientras,
el amor se oculta
en estancias oscuras.
A veces aparece
burlón en sueños,
quizás para que no olvidemos
que es al mismo amor
a quien queremos.

Enroscando voy la cuerda
de esta cajita de música,
tontamente espero
que suene otra melodía;
absurda ignorancia la mía
si son las mismas muescas
en una única ruleta.

Quiero romperla en pedazos,
fundir su metálico rodillo,
amo la música del silencio
y de la oscuridad, su brillo.

Ya no te busco

Ya no te busco, sueño inexistente
plástica hueca, son publicitario
mascota mansa y fiel, cebada a diario
por máscaras de gente complaciente.

Nunca nadie sació mi sed latente
ni sofocó el amor, sol incendiario
creando en mí un amargo y cruel calvario
esta terca quimera tan doliente.

Mi ser poblaron vacuas ilusiones
bellos sueños con almas que se funden
grabadas con cincel en falsa piedra.

Delirios invasivos como hiedra
cual barcos escorados, tardo se hunden
convirtiendo en espurias mis pasiones.

Te veo

¡Te veo!

Te contemplo con los ojos velados,
abiertos pero opacos.

Mil colores acarician
mi piel ausente
y las palabras
como uvas sin semilla, se
hacen agua en la boca
cuando tú las pronuncias.

Como el aire que no respiro
mi corazón está en lo eterno
gozando de todo lo que
eres, lo que somos.

Ya las lágrimas,
manantiales de alegría,
te dan la bienvenida
cantando.

¡Cantando!
Mientras esta danza sin rumbo
me devora...

Soy y amo lo que
siento. Sin sentidos.
Con la tinta de una pluma que no escribe.

Tu beso

Tu beso paz me dio, cerró mi sueño
brotó en mi rostro una dulce sonrisa;
si muestro y llevo el sol, si es mi divisa
se debe sin dudar a tu cincel.

Mi anhelo sigue fiel en la mañana
camina erguido fuerte hacia la noche,
en pecho prieto tu ósculo es el broche
que luce en soledad mi dura piel.

Encarnación Marín Romero, nacida el 03 de marzo de 1957, en Campillos (un pequeño pueblo de Málaga), España. Emigró a Brasil en 1960, donde se crió y vivió en varias partes distintas. De vuelta a sus orígenes, desde 1999 ha vivido en varios lugares de España. Finalmente ha elegido Barcelona como su ciudad de adopción. Carente de raíces debido a tantos cambios desde la más tierna infancia y, al mismo tiempo, desvinculada de ataduras, busca el sentido de las vivencias y del intercambio humano. Aficionada desde muy temprano al dibujo y a las letras ha pasado por varias fases de alejamiento y de aproximación a ambas. También se ha dedicado por algún tiempo a cultivar la música. Nunca ha desaparecido ese "Ser Poeta", que es un estado de espíritu, una forma de vivir. Hoy escribe por la necesidad de expresión interior y movida por el deseo de poder transmitir algo de valor a los demás. Ha publicado esporádicamente en algunos periódicos y una muestra de su trabajo se encuentra publicada en las Antologías "Poesía, Cuentos y Vos" tomo II (2013) y "Por los Caminos de la Poesía" (2013)

Vuelo hacia la eternidad

En medio de las tinieblas de una noche
inacabada se para, de súbito, el latido de un frágil
corazón ya demasiado cansado, afligido y
angustiado. Anhela el alma, sin ataduras, volar;
escaparse de ese estado de sopor.

El otoño ya se acaba y las hojas giran por el
suelo impelidas por el húmedo e inestable viento.

Es hora de abandonar el mundo de la
dualidad y la limitación de los cinco sentidos.

Arranca, libre, su vuelo sin dirección concreta.
Flota por entre destellos de colores desconocidos y
de estallidos de sensaciones inexplicables.

Hace poco, para ella, era una noche
más: una fría y borrascosa noche otoñal.

Pero ahora ya no existe el tiempo,
ni las estaciones... solamente este
nuevo inicio y eterno comienzo.

Tenue niebla

Atrapo esta tenue niebla

que intenta escaparse de

entre mis finos dedos.

En esta fugitiva noche

se me escurren las palabras

por entre las confusas ideas.

Me pierdo entre la densa bruma.

Me deslizo, subrepticiamente,

y me escondo en la oscura

y secreta cueva de mis

prófugas indecisiones.

Cafetera

cafetera humeante

vapor que sube bailando

intenso aroma que llena la cocina

Viejo almendro

Viejo almendro de tronco oscuro, rugoso y retorcido.
Pequeñas florecillas de un rosa pálido en pleno invierno
anuncian una temprana primavera que se apresura.

Pedrusco calizo

Anhelo un tiempo en el que yo era pedrusco calizo y
mojado; la frialdad de la lluvia era refrescante alimento

y el rocío, dulce y tierna

caricia; anhelo mi corazón de

piedra con sus fuertes

e irremovibles emocion**es.**

El búho

Hace tres noches ya, ululaba un búho.
En medio de la oscuridad y bajo una
amarillenta luna de cuarto creciente.
¡Qué lánguido y misterioso quejido!
Pájaro amigo de la noche profunda,
confidente de los misteriosos astros.
Pájaro libre, dueño y señor de los
árboles donde descansan de sus
afanes las demás aves diurnas.

¿A quién añorabas, amigo?
¿Llamabas a alguien, tal vez?
¿Por qué te lamentabas?
O, quizás, sólo cantabas para mí...

Divergentes formas

Son las cuatro:

es la madrugada más profunda.

Fuera sopla el gélido viento invernal.

En la ventana la campanita china

difunde sus notas armoniosas.

Dentro: acogedora habitación,

oscura cueva y seguro refugio

de una obstinada soñadora.

Soy estrella fugaz que vaga sin

cielo. Pez resbaladizo sin acuario.

Altiva ave que vuela en la

nada. Árbol retorcido sin raíz.

Silenciosa ola sin mar

que se pierde en la profunda y

oscura noche del subconsciente.

Bailan con armonía las divergentes formas,

discrepantes, inconexas en sí mismas,

pero reequilibradoras en el todo

y en el epicentro de unión

y de estabilización de todas las fuerzas.

El Universo danza al ritmo de un movimiento eterno.

Ave atemporal

Este Espacio-Tiempo me atolondra.

Mis alas invisibles quieren estirarse.

 Mi libre albedrío es un pasillo demasiado
estrecho. Mis opciones, inmensamente limitadas.

Soy un ave atemporal que anhela

volver a su nido, no terrenal;

que echa de menos el sabor del cielo,

 el color de las nebulosas y el aroma de las

estrellas. ¡Cuántas vueltas en círculos ya he dado

en esta jaula terrenal, oxidada!

Queridos amigos, mi nombre es Francisco Javier Mora Morente; nací en Madrid a las 7 de la mañana del día 29 de Junio de 1957, por lo que soy Cáncer ascendente Cáncer, esto es fundamental para mí, soy un signo puro y además confío mucho en la astrología.

Mi vida ha sido bastante normal, viajé un verano a Suecia en autostop y me recorrí Europa, después estudié Psicología en la Universidad de Somosaguas y terminé mi carrera aunque no ejerzo de psicólogo. Me casé un 18 de mayo de hace ya 26 años con María José y tengo 3 hijos: Luna María Mora Martínez, sagitario; Sonia, escorpión y Alejandro, géminis. Trabajo hace más de 20 años en la consejería de sanidad de la Comunidad Autónoma de Madrid.

Me gusta toda clase de música y la lectura; hace un par de años empecé a tomarme la poesía más en serio y aquí os lo demuestro con algo de mi trabajo. Mis influencias van desde los clásicos del Siglo de Oro hasta Miguel Hernández y todos los del 27 y por supuesto Pablo Neruda.

Adoro las Islas Canarias y sueño con conocer el Caribe, besos y abrazos a tod@s y muchas gracias por vuestra atención.

Amor soñado

Siendo tan solo amor fugaz, platónico

saltándose fronteras y contrato

rompiendo mi universo frío y cónico

¿Por qué marcó mi piel, fiero arrebato?

Solo eres confusión en un daltónico,

pintar yo tu color, es lo que trato.

Si no te tengo, vida… Muero agónico

no me basta besar, tu fiel retrato.

Será que solo busco ser armónico

un pobre trovador y no sensato

salido de un jardín decimonónico.

Qué seas mi pincel, mi garabato…

No quiero más estar enfermo crónico.

Quiero ser yo, tu azul y triste gato.©

Las manos

Las manos de los hombres, milagrosas
cuando en el bien común se encorajinan
y se pueden volver tan peligrosas cuando
en las malas artes se empecinan.

Blancas manos y negras, hacen cosas
que mirando sus actos se adivinan
si regalan espinas o son rosas,
si viven con hermanos o asesinan.

Las manos de los hombres son preciosas
delicadas, afines, siempre atinan, bailando
son las manos revoltosas.

Dando caricias siempre más se afinan
manos humanas, cuerpos ya de diosas
delante de bondad humilde inclinan.

Razón

Porque lleves razón yo me rebajo
y no tengo ningún inconveniente
pero ya no te olvides, ten presente
demostrar la verdad es tu trabajo.

No coloques arriba lo de abajo ni
tomes por idiota a tanta gente
comprueba si la apuesta aún es reciente
defiende la verdad con buen destajo.

No es necesario llevar la razón
si todo lo que estás es aprendiendo
importante es poner el corazón.

Si gastas de virtud yo te defiendo
mas si resbalas hacia la traición ni
quiero rebatirlo, ni lo entiendo.

Solo amigos

Solo podemos ser amigos, dices,
y no te falta un punto de razón
pues quizás no tengamos ocasión
de que coincidan nuestras directrices.

La vida nos oculta los matices a
ti y a mí nos gusta ensoñación
pero existe vital la condición
que juntos nos hacemos infelices

Porque solo nos damos por teclado
nuestra naturaleza enamorada,
el corazón está tan asustado que
no existe poción elaborada
que deje al corazón sano y curado
mas dejas a mi vida destrozada.

Tu

Voy a enmarcar los rayos de tus ojos
los guardaré en un frasco azul turquesa…
¡Ay tu mirada cuanto me embelesa! ¡Qué
bien saben tus dulces labios rojos!

Me da electricidad y hasta sonrojos
tu apasionada boca cuando besa, tu
lengua es de sabor salvaje y fresa tu
cintura y tu pelo huele a hinojos.

Es tu forma de andar cautivadora
tu voz es clara como la mañana
suenan tus risas canto del jilguero.

Si toda tu presencia me enamora,
tomar tu mano cura y engalana
así te digo, cuanto yo te quiero.

México

ISABEL MIRANDA DE ROBLES

Nació un 14 de septiembre, en la comunidad de Los Morales, Jerez, Zacatecas, México; rodeada de todas las bondades de la naturaleza. Soy la número doce de una familia de catorce hermanos. Mis padres, J. Jesús Miranda y Dominga Moreno, en medio de todas las precariedades económicas, me enseñaron a amar profundamente el día de hoy, y mi familia, como los únicos tesoros habientes en la vida. ¿Cuándo comencé a escribir? No lo tengo muy claro, pero si sé que fue muy niña.

En la autobiografía de Alfonso Reyes encontré una frase que tal vez se acomoda a mi caso, él decía: "Lo malo de leer es que te da muy pronto por escribir". Yo no sé si a otros les haya pasado; pero, en efecto, el trayecto de mi vida lo he recorrido siempre con un libro en la mano. ¿Por qué perdí el miedo de mostrar lo que escribo? Gracias a una frase de Josefina Vincenz, que dice: "Escribo para mí, no para los demás, y por lo tanto puedo escribir lo que quiera". Con todo lo irreverente que pueda sonar la frase, yo la adopté como mía y eso me ha servido para explayarme sin temores.

Estudié la carrera de Secretaria Bilingüe, pero quien fuera mi maestro de Lectura y Redacción, Prof. Pedro Padilla González me llevó a trabajar como reportera a la casa Editorial GONBER, en donde su dueño GILBERTO GONZALEZ BERUMEN, le abre amablemente las puertas a mis humildes poemas y comienza a publicarlos, en DIÁLOGO, PRIMAVERA Y POLÉMICA. Siguiendo otros intereses, emigré hacia los Estados Unidos; en donde me casé y formé mi familia; pero siempre seguí en contacto con mis raíces mexicanas, y sigo colaborando con la misma editorial y con muchas otras publicaciones, como PRIMAVERA, SEMANARIO DIÁLOGO, POLÉMICA, LA FERIA, ESOLE, JEREZ - MIEL Y VENENO A LA VEZ, JEREZ AQUÍ Y ALLÁ, ESCRIBA, NOVENARIO, EL CARGADERO- LA REVISTA.

He publicado 5 libros: EL REFUGIO DE MI VIDA, PALABRAS PROHIBIDAS, bajo el auspicio del Instituto Jerezano de la cultura; NO SUEÑES EN VOZ BAJA, y AL FONDO DE MIS LETRAS, obras independientes de su servidora a través de la editorial createspace de amazon.com; y SI LEES MIS VERSOS, bajo el sello de la editorial, LA PEREZA EDICIONES. También he participado en dos Antologías Poéticas junto con otros autores: ANTOLOGÍA POETICA DEL JEREZANO AUSENTE y VERSOS COMPARTIDOS y orgullosamente tomo parte en esta tercera antología: "Alma y Corazón en Letras".

Agradeceré siempre la aparición del Internet en mi vida, pues es gracias a este medio que mi poesía empezó a volar hacia regiones por mí, insospechadas. Portales en la red como mundo poesía, monosílabo, mi blog, mi página de facebook, y todos los grupos literarios que ahí han tenido a bien invitarme a publicar, me han regalado la dicha inmensa de tener comunicación con lectores y Poetas de todo el mundo, lo que me ha enriquecido maravillosamente. Eternas gracias a Gladys Viviana Landaburo por permitirme formar parte de este lindo proyecto. Gracias a todos los hermanos Poetas por esta bella oportunidad de mezclar tintas.Este libro, cruzará muchas fronteras, entrará a cada uno de nuestros hogares, y en donde sea que se abran sus hojas, se echarán a volar nuestros corazones en busca de un corazón más que se una a nosotros en esta bendita locura que es amar la poesía. GRACIAS.

Sinceramente: ISABEL MIRANDA DE ROBLES

Tu

Tú, estás hecha de felicidad,
para envidia y dolor de muchos.
Fuiste creada con el mismo material
con que se fabrican las sonrisas,
los sueños y el optimismo.

Caminas por el mundo
con ese garbo
con el que se despiertan
 todos los comentarios:
 los buenos y los malos.

Tu seguridad les duele a las demás
porque tu sonrisa
invita a cualquiera
a soñar contigo
 y a ti te da lo mismo,
amigos que enemigos.

La gloria la llevas puesta
en la profundidad de tu mirada.
Eres un sol divino
 y todos quisieran quedar
bajo tu luz y tu abrigo.

Hermoso intento

Cuando alguien te diga
que te amará toda la
vida, créelo,

si te lo dice es porque lo
siente en ese momento,

aunque ni tú ni esa persona sepan,
hacia donde los arrastrará,

la corriente del
tiempo. Si alguien te
ofrece vivir un amor
eterno, acéptalo,

que aunque muchos amores
no llegan a esa edad,

ya es hermoso el intento.

Felicidad ajena

No se te ocurra atentar contra la felicidad
ajena, así te parezca insulsa o pequeña,

la entiendas o no: no es tuya, respétala,
cada quien es feliz a su modo y manera.

No se te ocurra tocar, con tu crítica,

la felicidad de los demás; si alguien te comparte su
dicha, así la creas errada o imperfecta,

estés o no de acuerdo con ella:

es propiedad ajena, déjasela donde y como la tenga.

Si alguna equivocación o error valen la pena, es creer
que se es feliz, no saques a nadie de esa bella quimera.

No seas asesino de esperanzas, ni de sueños,

aves de mal agüero

pueblan los cielos,

hacen tanta falta en esta tierra

colibríes, palomas y luciérnagas,

que inspiren luz, paz: RESPETO.

Hasta la última gota

No me gustan los finales,

tú ya lo sabes...ven aquí:

abrázame y bésame como

todas las noches que

fuiste para mí.

Permite que mis manos

sonrían de placer al tocarte,

desprende tu alma en el beso

más tranquilo de tu boca...

Dibuja en mi cuerpo

tu mejor caricia:

tengo aún tanta sed de ti, aún

me parece nuevo tu olor.

No hay prisa, no hay

mañana, no amanecerá más

pronto que ningún día...

Igual el tiempo se irá si te
abrazo o si lloro y no quiero
extrañarte desde ahora...

Anda, ven, pongamos
música, bailemos despacio,
bebamos del vino del amor
hasta la última gota...
emborrachemos al dolor,
hagamos de esta noche
la más grande entre tú y yo.

Té de hojas de olvido

Hoy me preparé un

té de hojas de olvido,

antes lo amargaba

con cubos de

recuerdos y los revolvía

con el dolor que causan las presencias,

que para no volver, se han ido...

Dulce me ha quedado el té de hoy,

pues no hallé con qué amargarlo,

por fin la tristeza y la melancolía

se han diluído

entre el líquido tibio de la esperanza,

y al fondo se ha asentado un polvillo

en donde claramente distingo,

la palabra, "feliz", en mi destino.

Gonzalo Perez

Nací en México en el Estado de San Luis Potosí, en una ciudad pequeña, llamada Ébano. Nací el 2 de octubre de 1966, en un domingo. Hice todos estudios hasta ingeniería. Mi nombre de Gonzalo fue puesto, por mi abuelo materno. Es de origen germánico y significa: hombre guerrero que brilla con su espada en la batalla. Soy una persona que analiza cada situación de la vida y doy valor a cada persona por lo que son, porque la vida es aprendizaje en la caminada del destino, el respeto es un punto importante para el crecimiento, los puntos de vistas es la manera de pensar del ser humano y eso nos hace diferentes, como dijo un Presidente Mexicano: "el derecho ajeno es la paz".

La poesía abarca grandezas sentimentales y nos dan emociones, cada vez que nos leemos y cuando leemos a otros poetas, cada uno es un profeta en la forma de interpretar la vida. Empecé la poesía desde que hice licenciatura en letras, tuve muchas inspiraciones con poetas portugueses, brasileños y españoles. Actualmente participo en Mundo poesía y Susurros del Alma donde encontré muchos amigos de diferentes países, y aprendí a valorar la poesía.

Salí de México para Brasil en busca de mi felicidad, donde casé con Eliane y ahora tengo dos hijas. Aquí recomencé mi vida, estudié licenciatura en letras: portugués y español. Actualmente doy clases de Español.

Ignoto

Caigo, en cámara lenta
en las arenas movedizas,
el desespero me arranca fuerzas
para huir de las tempestades.

El ignoto es el recoveco
de mirarme en mi naturaleza,
busco en la grieta,
todo que me infle mi interior,
pulirlo es mi conspiración.

Es un inicio del despertar,
en cada tiempo y espacio que
estoy, persevero para sobrevivir
en cada luna de rotación.

Mi alma es como un libro abierto,
en que cada página es mi avivar, y
cada palabra es sustanciosa
a cada paso que doy.

Soy como la ola cuando estoy arriba,
y también sé bajar,
para saludar todos los peces,
en situaciones igual a mí.

Estando en la cúspide, mi
almacén se hace fuerte y
el amor es concentrado
para que mi nuevo,
sea desnudado en cada ocaso.

Una familia bajo Dios

"Ando a la caza"
de una fraternidad universal
que engarcen pensamientos
armoniosos con mis leyes universales.

Ya que las lides me
consumen, sufro y sufren.
Los altos líderes deben pensar
que dependen de los periféricos,
y si el amor disminuye,
se pierde el respeto.

Es mejor ser honrado
que todos sufran;
porque la razón
está encima de lo moral.

La fraternidad es el mejor
amparo para un camino de paz,
ya que los puntos de
vistas, divergentes
no trajo sosiego.

Mi amor está en todas las mentes,
si ellas están puras, ahí estoy; más
cerca de lo que piensan.

¡Pidan y la luz aparecerá
en menos que imaginan!

El amor es el que prevalece
en todas las culturas,
si se unen,
todo caminará
para una familia de superioridad
de un buen corazón,
donde no haga rechazo
y haya una índole
de hermandad.

El arte de amar

Arte es mirar la perfecta obra
de los sentidos aguzados
es dibujarte en la mente
en colores vivos.

Amar no es para cualquiera
es un diagnóstico especial
del corazón puro
en cinco cámaras del sentir.

Los sentidos se unen
para la conjunción del
amar uno respeta al otro
para que el arte sea, de primera.

La energía proyectada
es emitida para el receptor
este se llena de energía cuántica
la explosión es una expansión.

Unidas, la vida se esparce
positivamente en las identidades
apasionadas en un solo mirar,
pues el arte de amar es bilateral.

La lógica del amor

El amor es circular
cuando hay equilibrio,
y entre más me dono,
menos perjudico;
entre más acepto, más
me entiendo.

Si no me entiendo,
no tengo lógica
porque,ella es línea recta
entre el pensamiento
y el acto coherente.

Ideas se apasionan,
y llegan a la mente,
pues soy singular.
Si se respeta el raciocinio,
disminuye la resistencia.

Pero, si el sentimiento es subjetivo
y la razón es objetiva
entran en inestabilidad,
entonces la cadena de plata
se rompe y la lógica del
amor queda en espera.

Ternura verdadera

Ternura verdadera es gracia blanca
de piedras afinadas, resistentes
de dones especiales, atrayentes
de belleza preciosa y casta franca.

Es suavidad sencilla, amor atranca,
con mimos y adulaciones carentes,
palpitan los rubís adolescentes
de premura luna y amor estanca.

El ajuste es templado, suave roce ,
cada unidad del cuerpo brota y
brilla como corazonada reconoce.

Ternura es beso corto con flechilla,
es romance educado, calmo, goce,
es verdad, sentimiento maravilla.

Geber Humberto Pérez Ulín.

Me enorgullece haber nacido en esta tierra, húmeda y trópica, de selvas y ríos, de lagunas y pantanos, en este suelo de Tabasco, cuna de las culturas Mesoamericanas, la cultura Olmeca, de los hombres del hule, de los talladores de jade, artistas del basalto y sus monumentales cabezas de piedra.

Las primeras inclinaciones poéticas siempre basadas en poetas de habla hispana, primero leyendo y memorizando algunos de carácter humorístico. En ocasiones nos juntábamos para hacer cortos versos con rimas para evidenciar o ridiculizar a personas allegadas al círculo familiar. Esto sin dejar evidencia más que verbal.

En el año del 85 compré mi primer libro de poesías titulado: "Páginas de oro de la poesía universal", que es una colección lírica, compilada por el maestro en letras Armando List Arzubide, en el que aparecen obras de poetas diversos, tales como: Carlos Pellicer, Manuel Gutiérrez Nájera, Alfonsina Storni, Gabriela Mistral, Jorge Luis Borges, Charles Baudelaire, Jaime Sabines, Juana de Ibarbourou, Pable Neruda entre otros.

La enorme vegetación en el Estado y el colorido de sus árboles me dieron la pauta para escribir mi primer poema titulado" El guayacán", llamativo por su color amarillo brillante en su etapa florida.

He escrito algún soneto, ovillejos, palíndromos, tautogramas, microrelatos, acrósticos, duetos con amigos y con poetas conocidos. Poco he usado la métrica española, la mayoría de mis composiciones son versos en prosa acompañado de alguna que otra rima. Los poetas que más han influído en mis letras son: Carlos Pellicer, Neruda, Bennedetti, Jaime Sabines entre otros. La fuente de inspiración de mis poemas es el universo, la naturaleza y el maravilloso mundo de la ilusión que provocan las musas de las mujeres.

Tengo algunos aportes de poemas en portales en internet tales como Mundo Poesía, donde se manifiestan distintas corrientes poéticas para con personas afines al medio poético, el seudónimo en este portal en el que me di a conocer es el de Ojicafés. En la actualidad participo en algunas redes sociales como Facebook, en grupos como: Susurros del Alma; Poetas Mexicanos del siglo XXI; La magia de la poesía, la amistad y la música; Pensamientos de Gaviota, etc.

Soy un Acuariano, ilusionista, con la sensibilidad a flor de piel, les invito a leer mis poemas.

Geber Humberto Pérez Ulín

E. Zapata, Tabasco

Bermejos.

Bermejos.

Hay un camino abierto en el cielo por donde pasas,
estación de la última luna, el último sol,
el ultimo sentimiento.

En el último tren a donde nadie sabe,
alucinado, estacionado…

donde nadie ve,

donde se estrujan emociones,
miradas detrás del hombro,
esencia eclosionada en jirones.

A donde el último destello predispuesto,
noctámbulo expandiendo,

contrayendo su deseo,
segregando ápices,

asilando saturados entrecejos.
Un ocelo por el ojo de una
aguja mira el universo,

ahí desfallece el alma
sangrante de bermejos.

Corazón de cristal.

Rápidos cauces recorren mis venas
simetría entre agua de las montañas al río.
Ilusiones imposibles en hilos de araña,
privados instintos entretejen rescoldos
frenesí de musas tiritan exhaustas.

Atisbo en corteza arbórea una
caricia de piel en lozanía. En
las montañas las cumbres las
distinguen y hacen bellas.

entre piedras incautas,
emerjo en una isla de arenas impías.
Vierto estival calidez a un gélido nido
y brillo en caudal a unos ojos dormidos.

Vendimio pétalos esparcidos
por un corazón herido,
pende de un hilo mi alma
y un corazón de cristal quebrantado.

Jardín de rosas.

A veces me siento a contemplar
el destello, los ojos del viento

de aquello que veo, de aquello tan bello
me quedo sin habla, me quita el aliento.

Detrás del silencio a mí vino un pensamiento
nunca te he sentido tan cerca como ahora Mi
alma es una casa de puertas abiertas
de ventanas al cielo y techos de estrellas.

Quiero Brindar, beber del vino
torrente de burbujas, delicia ambarina

sus ojos destilan, sus jardines de helechos
del mismo tinte están hechos.

En el cielo de su pecho hay un abismo,
oquedad en dos cumbres montañosas
apacible quietud es imposible,

delicada tersura en un jardín de rosas.

Sin cobija.

He tratado de mentirme, de decirme: no son así las
cosas, Pero el alma con ver mis ojos sabe que le miento,

trato sí, de olvidar, de olvidarte, de no pensar en ti,
pero es imposible, en cualquier instante llegas a mí.

Que si no sabes de mí, o si no te busco, es
porque en ese instante pienso en ti, en esa mirada
en esos ojos, en esos detalles, que tal vez los ignoras
pero llenan esos espacios con creces, mi amor por ti
cada día crece, no está en mi agenda abrumarte,
que te haga falta el aire, ni con mis instintos sofocarte.

Tal vez a mis ruegos tu sentir es impermeable,
que la luna sea plena y no menguante es poco
probable, no sé qué tiene tu mirar, tal vez tu amor
es…inalcanzable.

Insistiré en sembrar la semilla del te quiero, eclipsaré a la luna y te regalaré su sortija.

Te hablaré del querer y del amor sincero,

hoy dormiré si tu piel, me hará falta... es mi cobija.

Acuérdate de mí.

Sin el sendero de una estrella

qué difícil es llegar a la otra orilla

para encontrarme con ella.

siempre esquiva, para mi

son otras las respuestas.

¿Cómo hacer anclar mi barco en el desierto?

¿Cómo hacer florecer la semilla en tierra estéril?

si mis pasos apresuro en un camino incierto.

¿Cómo abrir tu corazón si está en un crisol de acero?,

parece que mis versos los escribo en un mar de hielo si

no hay oídos para gritar al mundo que te quiero.

Si a tus mieles no se acerca un colibrí

juntaría mis manos para que hagas tu

nido, si mi vos al viento evoca tu esencia,

y de tu boca tus besos, olvídate de todos…

y acuérdate de mí.

Perú

Julio César Cuadros Castillo

Peruano de nacimiento, nace el 13 de septiembre de 1975 en la ciudad de Arequipa, desde muy pequeño se inclinó al arte, realizando clases de pintura, escultura, oratoria y poesía; ha ganado los juegos florales en declamación y poesía a nivel escolar organizados por el Instituto Nacional de Cultura de Perú, premios acumulados tanto en la escuela primaria y en la secundaria. Luego estudiaría Derecho en la Facultad de Derecho de la Universidad Nacional de San Agustín graduándose de Abogado, en la vida universitaria ha ganado el concurso entre escuelas universitarias sobre poesía, representó a la Universidad Nacional de San Agustín en Poesía; estudio un post grado en Derecho Humanos en la facultad de Derecho de la Universidad Católica Santa María. Participó en conferencias internacionales de poesía en Colombia, Argentina, Uruguay, Bolivia y Chile. Fue moderador de Mundo Poesía en poesía Infantil, ha escrito un libro de poesía infantil:Ángeles de la Naturaleza, donde propone nuevos trabalenguas más modernos el cual ha obtenido reconocimientos en distintos lugares de Latinoamérica y España aun ha sido parte, fueron leídos en el día de la poesía por la UNESCO, escribe también canciones para cantantes. Actualmente vive en Santiago de Chile donde desarrolla con más ahínco la poesía infantil participando en talleres y conferencias sobre poesía para los infantes o poesía escolar.

Dios y los niños

Anduvo pensado Pablito, explicar de Dios a la maestra vuestra académica,

soy niño pero de Dios así he de creer.

Es un ser que hace los goles en el partido de fútbol, recibe del armador Jesús la pelota y anota gol rompiendo y al fondo la valla del infernal ser,

El arquero María que siempre ataja el pecado con el Pecho a la altura del corazón mismo

le pasa a los defensas: Miguel y Gabriel la pelota y tiene a Rafael al medio campo, y es el Nazareno estratega que al delantero Jehová le da el pase gol,

solamente es así, como gana cada partido a partido todititas las almas, Dios, con la camiseta del paraíso.

 La maestra atónita le pregunta, y el ¿DT niño?, Pablito con brillo máximo le dijo: " Yo", "el niño" mi vida es mía y a veces saco a Dios de ella. Goooooooooooooolllllllll gritaron los Niños.

Lloró la Maestra, y dijo: Gol,

Gol, Dios quiero un Goolllll

haz Dios el gol en mi vida,

que sea ganando, el partido

en que se juegue la copa,

esa pequeña copa,

la copa de mi vida.

Las dos Fridas

El enemigo que come al propio ser,
es un ser idéntico al que se mueve,
todo es, como el cero y el nueve
el ser y la nada.

Estar alegre, si adentro se es triste, si
se quiere ser virgen o prostituta,
ángel o demonio vida que conmueve
el ser y la nada.

Sí te sientes una estrella de la fama,
o por dentro un fuego que te flama,
por destruir cada cosa construída
el ser y la nada.

Vida de colores inmensa
cristalina, o es la oscuridad sin
ninguna luna, la que torpemente
nos desanima el ser y la nada.

La teja en la Almeja

Nada se asemeja a la almeja
que como vieja teja

Nada almacena en la vieja
caparazón de almeja

Sólo una teja en la almeja
que está muy vieja.

La cocina de Tintina

Buena cocina

es arte en la retina

la comida hecha por Tintina,

es como hallar dinero en una tina

es tan buena como el oro en una mina

Buena mina la Tintina cuando cocina con retina.

La Tetera

En el calderito de poca leña,

una teterita silbaba desenfrenada,

sáquenme de aquí, sáquenme de

aquí repetía como un arlequín,

calma teterita que no llega mi mamita,

yo no tengo seis,

cuando tenga seis seguro don caldero,

dejará de ser monstruo majadero,

o tengo seis y no lo sé,

creo tener tres,

o cuatro años tal vez,

cinco, son cinco lo sé.

Soy niño que a la escuela nunca

fui, no se contar, solo se jugar,

mi mamá está en el campo,

y la tetera sigue diciéndome,

sáquenme de aquíiiiiiiiiiiiiiiiiiiiiiií,

con un pitillo de frenesí,

¿La saco? o ¿No la

saco? y si me quemo,

mi mamá me dijo,

el señor caldero si está con fuego y

madero, es un monstruo majadero,

mejor llamo a mi mamita,

que la loca teterita,

sigue diciéndome sáquenme de aquiiiiiiiiiiií.

Gustavo Villanueva Falvy

Soy de los que considero que la poesía es el único género que permite escribir con total libertad, nos concede la oportunidad de hacer mil usos de cualquier frase o palabra, transmitiendo algo más que el sentido literal de las cosas. Déjame ver si me explico, rogándote perdón por traer a colación uno de los textos ya por ti conocido, cito: "Un fogonazo de oscuridad repentina // Como // Eco de luz deshecha // Hace un escalofriante ruido negro // Que sale de las entrañas de una caracola oxidada // Deshabitada del alma de las olas // Y me mantiene despierto…" Es de un poema que escribí hace unos meses atrás, pues en el entonces del momento mi hermana me acababa de llamar desde Lima ,ya bien entrada la noche, para informarme que a nuestra madre hubo que llevarla de emergencia al hospital, y como imaginarás, semejante cosa suele alterarlo todo como si de un tsunami se tratase el asunto. En fin, que la poesía recrea la realidad — mayormente a través de la metáfora — pero además crea otra que solo existe en ella, y, por ella. Es, justamente en esa libertad que yo me siento a mis anchas, sin nada que me ate en mi imaginación, con todo su velaje abierto,

vuelo.

Pero sí ya lo sé

Nada nuevo me dices con tu perorata

alguna vez me escuchaste increparte

que yo tengo del todo claro que tú te

incrustas como una espina en un dedo

en cada llanto del humano recién parido

aún antes de que este descubra qué es

eso que lo ciega para luego conocer que

aquello es la: Luz de tal manera

que en vano te esfuerzas en pretender

explicarme cómo es el asunto

y además bien que me doy cuenta que tú te burlas

haces una de muecas y gesticulas con

aires de sabelotodo

pero en el fondo lo tuyo es envidia tú

cuánto dieras porque te amen como

solo se le puede amar a la vida

sabes algo: Me das pena y te lo digo así

sin revanchismo alguno

porque después de todo qué te llevas de

nosotros si apenas puedes echar mano al

cascarón de un cuerpo que a la postre

será solo polvo tierra de la tierra

después nada mientras que

el alma en luna llena se queda impregnada

en el perfume a jazmín del crepúsculo se va

cabalgando sobre el lomo blanco de las olas

jugando cual vital cometa de caña y papel

con la sonrisa del viento

el alma se recuesta en la almohada de los sueños

para continuar soñando con auroras hechas

de hogaza sabrosa oliendo a rocío

pero vamos tú no sabes ni sabrás nunca de eso

qué puedes conocer de colores si vistes

únicamente de negro no ríes ni lloras tu sangre

ignora cómo es la felicidad de los momentos.

Así que: Muerte

regresa a tu sepultura que si siento rabia y pena
es porque vivo sin embargo

a mí no me van a coger tus manos de sombras
lloraré hasta quedarme clavado en mi dolor y así a
solas he de mirarle a la soledad directo a los ojos
hasta quedar como una rosa abandonada en medio
de esa alameda que es lecho empolvado de gris
pero regresaré a mis versos a continuar siendo
esto que soy: Un simple mortal que escribe

¡¡Al Carajo!! Contigo Muerte

tú a mí no me pones ningún punto final
seguiré siendo labrador de versos.

Sobre mi sangre

Estoy parado sobre mi
sangre como sede a mi peso

tanto que me hundo entre sus desplumadas raíces
un viento de otoño me trae un coro de gorriones
marchitos hay mariposas que lloran ácido
será por eso que sus colores lucen
desteñidos vacíos como un tiempo que no tiene
mañana.

 Hay un frío de vida que exhala muerte
un rebaño de inertes vientos va
hacia el despeñadero como
un haz de luz que marcha sin saber a dónde a la calma
la tengo arrinconada allá en alguna esquina de las sombras ovillada
sobre su pena tiene la carita de un niño que busca a su madre no
la encuentra y la sigue esperando.

 ¡¡Que soledad
para despierta me desvela!!

Tu aroma

Acaricia los sueños con los que te soñaba
se despierta

el gorrión de tu nombre en todo lo que
digo y es el espíritu que llega a la orilla de
cuánto pronuncio.

Tu aroma

delicado perfecto femenino luz que
pinta albas en tu mirada

que abre sus pétalos en el jardín de tu
sonrisa plumaje de sol en la luna llena de
tu entrega.

Tu aroma

paisaje que toco al tocarte para descubrir
cómo me eres un sentir diferente de mujer
nueva y mía

te hago hembra en celo dispuesta para gozar
mi placer de saborearte.

Tu aroma

fragua mi pasión y así llego a tu boca para

darle forma redonda

tú feliz me recibes también ahí en medio de

tus otros jugosos labios umbral de mi hedonismo

por tu humedad.

Tu aroma

afrodisíaco néctar que destilas sobre la piel de

mi imaginación

embriagador elixir con el que sueltas las velas de

esta fiesta de bella lujuria que me es la música de

tu miel.

Tu aroma.

Qué sabe nadie

De los desatados duendes que me bailan
en medio de los mal pasos que di

ellos se divierten como si estuvieran
disfrutando de un perpetuo carnaval

indiferentes así estoy o no arrepentido
pero una de aquellas criaturas

se acerca y se queda parado justo ahí en el
umbral de esta toma de conciencia en la que
me encuentro ocupado y sin dar un paso
más para no adentrarse en mis disquisiciones

me dice con voz contundente clara
segura: ¡Oye Tú!

 Dime quién no ha pintado su cielo con nubes
grises entonces ordénale a tu sangre que empuñe
con valentía tus errores hasta enrolarlos en el rojo
de su fluir y ya levántate de esa silla arrinconada en
la esquina de tus sombras de cara al sol

prométele a la vida que la amarás hasta más allá
del morir.

Eso es lo que hice y aquí estoy

dispuesto a vivir con un nuevo espíritu

como el de florecientes olas.

Yo creo en ti

En la brisa que roza las hebras de las raíces que anidan en los astros en el silencio festivo de la vida que reina en el cosmos

y en los estambres de las estrellas.

Yo creo en ti

en el trino del canto de un mar en calma como en el rugido de león cuando la tempestad desata sus naturales furias y en la risa del parque donde florece el juego fraterno de los niños.

Yo creo en ti

en los soleados surcos de las utopías donde germinan semillas de río limpio que en su cauce pregona su voz de fe que dice: ¡¡Levántate y Anda!!

ecos de luz manantial de esperanza capullos de sueños.

Yo creo en ti

en la cordillera de la sangre que une los latidos del alma al amor por los hijos y al candil de la ternura materna al fiel soplo del viento del padre a la mano amiga que no se aleja a la compañía hasta el último después de la ruta.

Yo creo en ti poesía.

Puerto Rico

NORA CRUZ ROQUE

(SOLANGEDAR) Nace en Guayama el 19 de febrero del 1947. A los 16 años comienza estudios en la Universidad de Puerto Rico, Recinto de Río Piedras donde completó dos grados: Bachillerato en educación y Maestría en investigación y gestión cultural.

Durante cerca de cuarenta años ha consagrado su vida a la educación de niños, jóvenes y adultos en la formación de grupos en las artes teatrales, los bailes folclóricos y la declamación de poemas negristas. En el Distrito escolar de Guayama es recordada por sus estudiantes que recorrieron muchos lugares con los proyectos que ella dirigía. En la escuela Amalia Marín fundó la "Rondallita de Sol" y "Los Titiriteros", grupos que hicieron labor comunitaria y cultural en su pueblo para la década de los 70 y 80.

Llevó sus talleres de teatro al Hogar Crea de Adolescentes, al Centro Sor Isolina Ferré del Puerto de Jobos y a casi todos los colegios privados del pueblo de Guayama. Como profesora de Teatro fue contratada por la Pontificia Universidad Católica recinto de Guayama y con su taller de teatro llevó mensajes impactantes al estudiantado universitario. (Temas del amor libre, el sida, el homosexualismo entre otros).Con el asesoramiento, talleres y otras ayudas de profesores como el novelista y dramaturgo William Mejía, fundador de la Colectividad Teatro-Sur de República Dominicana, y de los profesores Mónico Bata y Katerina Barrios de la organización Atelana Teatro, y del incansable poeta Wilmer Peraza de Barquisimeto, Lara de . Venezuela comienza a dar rienda suelta a la musa que por años guardaba en un cajón. Revisa sus trabajos, los acomoda a lo estudiado, sigue recomendaciones y trabaja incansablemente en lo que hoy es su trabajo literario que pronto saldrá publicado

Ha escrito cuatro poemarios, (*Gritos silentes de mi patria y de mi gente, Amaneceres a la luz de tus ojos: Vieques Liberada, ¿Cómo sé que soy girasol?* tres piezas de teatro, (*Una Bernarda de nuestros días, El velorio de Agustín, Máscaras, ¿Cuáles son las tuyas?*), tres monólogos *(La dama loca, Rosalinda Peldaños, Estos poemas míos*), un libro de cuentos (*Entretelas del viejo cajón)* y un libro de literatura infantil (*De viaje con Tanyerina)* en el que presenta cuentos, poesías y obras para el teatro de marionetas. Ha recibido innumerables reconocimientos por su trabajo como educadora, líder cívica y folclorista. En el 2000 fue reconocida por el Senado de la República Dominicana como "Mujer de la Cultura" y ya en el 1995 había recibido el galardón de Maestra de Excelencia por el Distrito Escolar de Guayama. Otro galardón lo recibió en la Segunda Feria Artesanal 2008 de Guayama. Fue escogida como líder cultural para representar al pueblo de Guayama en la Parada Puertorriqueña en Nueva York del 2012.

En el 2009 decidió crear un movimiento literario en los pueblos del Sur conocido como La Liga de Poetas del Sur con el que labora constantemente.

A mi amiga Soledad

Fuiste conmigo en momentos inquietantes
queriendo correr por no sentirte en mí

llegué a sentir angustia si conmigo te quedabas
pues aunque eres mi compañera no te deseaba

De pronto, fugaz figura paso frente a mi espacio
inocente, pregunté si a su lado podía estar

me sentía sola, triste, asustada, abandonada
sonrió, permitió separarme de ti Soledad

Correcto, demasiado tal vez, calmado,
cortés habló de sus cosas pasadas sin nada
soez ¡Oh amiga eras su amiga también!
Ya no estábamos solos, tú no estabas allí

Danzamos, sonreímos y todo por nuestro encuentro
Amiga mía te agradezco lo que hiciste por mí
necesitaba alguien con quien hablar
un lenguaje diferente, similar

Dejaste espacios abiertos a la esperanza

hoy lo recuerdo y extraño su voz

fue tan sutil, sus frases dulces, gentiles

llenaron mi corazón infantil

Amiga Soledad, ¡aléjate!

¡No te enojes!

¡Déjame en paz!

He encontrado un alma gemela, déjame disfrutar

Bipolaridad

¡Callen malditos! ¡Malditos callen!

¿Acaso no saben que estoy aquí?

¡Malditos, que se queden sin habla!

¡Callen para yo poder hablar!

¡Callen malditos! ¡He dicho que callen!

Sus voces expelen desorden las mías... paz

Es terrible lo que el alma sin freno puede pensar

deseos de muerte, venganza, silencio total

¿Por qué si Belleza existe, Fealdad se apodera?

¿Por qué si Paz vive, hay desordenada condena?

¿En qué laberinto me han escondido?

¿Cuántos años tengo que esperar?

¿Dónde está la nueva senda la que encontré en invierno lunar?

Aquella senda la llamé Libertad

la creía segura, ahora es fugaz

Siento desatino a mi persona fui libre para doblegar
renegar no debo del inocente

por ellos vivo y muero

también ¡Calla loca!

¡Deja que los demonios griten sin parar!
Así quedarán mudos y no volverán a
gritar Veré realizada mi venganza

y moriré saboreando en paz.

En tormentosa paz

Hay tormenta, la guerra entre los seres humanos es asfixiante

La lluvia limpia los techos pobres de mi país

El huracán se avecina con fuerza mundana
una fuerza huracanada llena de envidias y mal

pensamiento nadie quiere orar prefieren rendirse y yo me siento en paz.

La tormenta que se avecina, destruye con fuerza
El aroma de alcanfor sobre agua cristalina

trae la lluvia fina en sensibilidad santera y los seres humanos sin querer orar y yo sintiéndome en paz.

La tormenta destruye niños, fetos no nacidos, madres que les falta Lactar.

La mente de mal pensamiento destruye el amor por Nacer. El aroma del alcanfor en el agua cristalina, disipa con su olor fuerte el terrible huracán y yo en paz que nadie entiende. Es que ya se había dicho que el huracán pasaría nadie se prepara, confían en que tontamente nada ocurrirá. El pobre sigue siendo pobre, los ancianos siguen en soledad.

Nadie ora ni yo que estoy en paz.

Locura Psíquica

Las cucarachas suenan en la pared

van a comer mi piel cucarachas

bochincheras ¡Métanse en sus trincheras!

No son cucarachas, son seres

son sonidos de pared

Duermo, canto

inconsciente queda mi piel

Grito sin control y sin saber por

qué fría piel, niña fría piel

¡Te mato si gritas! ¡Yo grito! ¡Calla tú!

Duerme, canta miente mi amor

No es amor, es seca piel

temblor, taquicardia

sonada Duermo ,canto

hablo con Dios

paz, grito

golpeo

paz

ardo

soy paz.

Musa en éxtasis

Musa que te enciendes cuando hay tema de que hablar

Lluvias rompen los silencios del corazón pensante Las

auroras y amaneceres respiran a dura voz

con todo su esplendor le gritan a cada oído

que todo tiene sentido y todo tiene su entrega

¡Musa, esta es tu noche, escoge tú el lugar!

Escoge las metáforas y Símiles que acompañarán tus cantos.

¡Nubes espesas, levanten alto!

¡Que se descubra el telón! No es una rara función ni es tan solo un divagar.

No es un tonto pensar por cada minuto que pasa es

Musa que derrama su sabor y su textura

describiendo lo sencillo con exquisito manjar con

palabras cadenciosas, silentes, hermosas que no

todos saben escuchar

Se necesitan oídos nocturnos para esta fiesta

poética así entonarán la misma canción que yo

Besaremos a Musa que hizo posible este viaje

entregaremos equipaje a quien lo quiera tomar para

seguir la ruta poética sin descansar

LLEBA MI COLÓ

Si pol negra tu mai a mí me dejpresia

Y no desea que tu conmigo te quieraj casal

Si por negra tu me quierej

Y tuj sojoj brillan en la ojcuridá

Dale luj a loj sojoj de tu madre

Polque ella no sabe lo que ej amal

No se ama polque el coló sea

ojcuro O sea claro como el sol

Se ama polque se ama

Eso lo sabemoj tú y yo

¿Callaj mi cielo?

¿Tus sojoj claroj se empañan?
¿Lloran?
¿Pol qué?
¡Te dijo que me abandonej!¡

 Que yo soy negra!

¡Que es susia mi piel!

¿Y qué le dijijte amado mío. ?

¡Callajte! ¡Le dijte alaj a su bajesa a su egoíjmo, a su

desamó

Si pol negra tu mai a mí me depresia

Y tu ni siquiera tienej balol

De decille que me amaj

Que en mi bientre llebo tu coló

¡Ojalá y me najca un negrito tinto!

Pa' gritalle a tí y a ella

¡Ej tu hijo! ¡Ej su nieto!

¡Y lleba mi coló!

Edwin Elmer Figueroa Acevedo

Joven nacido en 1990 y radicado en Aguada, Puerto Rico. Es poeta, cuentista, microrrelatista y cuentista infantil, Además en menor grado es fotógrafo y vitralista aficionado. Estudió un Bachillerato en Artes en Estudios Hispánicos en la Universidad de Puerto Rico, Recinto Universitario de Mayagüez. Recientemente, ganó el primer lugar en poesía y el segundo lugar en cuento del I Certamen Literario 2013 de la Universidad de Puerto Rico Recinto de Mayagüez. No ha publicado libros pero se ha dado a conocer con sus escritos en revistas electrónicas y blogs como Colectivo Literario Ó y en revistas impresas y virtuales como *Prosofagia, Groenlandia, Traspatio, Letras Salvajes, [Id]entidad; An Collaborative Non-fiction Journal* y en la Revista Cultural y Literaria *El Relicario*. Además, fue seleccionado para participar en dos antologías: *Cuentos del sótano IV* (México) y *Voces sin fronteras II* (Canadá). Página de escritor: http://fascinologia.blogspot.com

Epitafio lapidario

Letras esculpidas en frío mármol bruñido.

Honor a quien en vida fue miseria y escoria.

Huesos añejados que supuran la hiel en tu pellejo.

Escupo la tierra que te acobija entre sus entrañas.

Quemo la tierra que te consume,

para que tu carne podrida

también pruebe la vehemencia

que tu alma aviva en el infierno.

Irónicamente, te custodian tres figurillas

que te extienden sus brazos:

un Cristo Redentor manchado

un Divino Niño manco

y una Virgen de la Misericordia acongojada.

Geometría corpórea

¿Y si mi boca trazara la ovalidad de tus labios

brutos bajara a tu recto cuello hipersensible

bifurcara en tus montañas terrosas?

¿Y si mis dedos torpes marcaran el camino entrecortado y

con cierta inocencia zigzaguearan en tu planicie verdosa

hasta labrar la circularidad de tu ombligo?

¿Y si mi boca y mis dedos se cansaran de formularse?

Entonces mi tangente lengua embravecida

tu infinita triangularidad invertida encrespe.

La bala

Soy como una de esas balas

Bala inesperada, furiosa,

caliente que profana el cuero

rígido penetra la carne

abrasa las arterias

quebranta los tejidos

e incita a eyacular a las vísceras

Talismán

Llévame arraigado a tu cuello como un venerado talismán de perla en la media noche del día

en tu piel fermosa que acobija como el perfume invisible y perenne que se respira y no se desvanece.

Solo llévame.

Deshojándote

Encerrada en tu alcoba
te d

     e

s

    h

o

   j

a

   s serenamente
convertida en l i v i a n a h

         o   j

            a

               r a

                   s

de pétalos áridos
de párpados cansados

Antonino Geovanni

Nace en Ponce un 14 de Julio de 1973. Pertenece a REMES. Ha sido premiado en el Certamen de la Universidad Politécnica de Puerto Rico. Ha publicado en las revistas literarias Cinosargo (Chile), Palabras Diversas (España), Monolito (México), En la Orilla (Puerto Rico) y Letralia (Venezuela), entre otras. Fue incluído en las antologías Fantasía Circense: antología de literatura contemporánea (2011), Piernas Cruzadas III (2011) y Antología de poemas de amor de la Editorial Casa de los poetas (2012), entre otros. Ha publicado el poemario Genéstica (2011). Sus poemas han sido leídos en el V Festival Internacional de Poesía de Puerto Rico. Modera junto a otros compañeros poetas el blog "Los rostros de Jano" (http://rostrosdejano.blogspot.com///).

Tus tierras

Gobierno absolutista son mis deseos.

La diplomacia rige su diálogo.

Las buenas costumbres permean en su mesa.

Mientras, nosotros abandonamos la sangre en

el campo de batalla. Mis órdenes en mano.

Debo partir a las 22 horas del día primero.

Debo alejarme de mí para pelear en tus tierras lejanas.

Uniformado de alientos gastados.

Armado de silencios y una profunda respiración.

Hoy escribo sobre la huella de tu ausencia.

Sobre los planos de un ataque suicida.

No queda líquido que calme esta sed.

Se escuchan noticias de muertos que aún respiran.

Explosiones que quiebran la voz de la mañana.

Estoy aquí bajo nubes de humo.

Las sábanas huelen a pólvora.

Tus besos saben a tierra.

Caricias de sangre que marcan mi piel.

Combate cuerpo a cuerpo.

Me resisto a huir. Quiero enfrentarme a mi enemigo.

Vernos cara a cara.

Que comience la danza de la guerra.

El metal de tus uñas penetra mis tejidos.

Siento minas por doquier.

Espejos rotos con imágenes grabadas.

Una lucha contra el tiempo.

Me sabes a paz.

Me hueles a conquista.

Se siente la victoria sobre tus derrotas. Soy un rehén de tus carnes.

Experto en reconocimiento, mas no me reconozco.

Un prisionero en tus campos de concentración. Me torturas con el sonido de tus deseos.

Me haces presa de tus trampas.

He caído entre tus alientos.

No me quedan fuerzas para resistirme.

Mis banderas blancas están ensangrentadas.

Agonía por no querer regresar a mí.

Me duelen los versos.

Palabras de plomo que se incrustan en mi piel.

Heridas profundas. Quemaduras de tercer grado.

Desnudo sobre tus tierras.

Inerme, pero decidido a luchar.

Mi sangre me abandona.

Mi ejército ha partido. Un desfile de almas heridas.

Un regreso a su patria.

Me encuentro en tu mira.

A segundos de un disparo final.

Mi cuerpo yace en pedazos. He

decidido morir aquí.

No hay mejor muerte,

que morir sobre ti una y otra vez.

Sabor a victoria

Un mortal en guerra con los dioses.
Un rey sin reino, un mar sin sal.

Una tregua con las sombras que me relatan historias de antaño. En mis bolsillos llevo la última piedra de mi castillo.

Lágrimas negras que marcan su paso
sobre mis arrugadas mejillas.

El viento ha dejado de rugir, la bestia se
ha postrado a mis pies.

Hoy camino por las congestionadas
calles de mis silencios.

Me arropan los cielos, de asfalto es mi lecho.
(Un jinete cabalgando sobre pesadillas y sueños).

Mi armadura en el armario,
las heridas durmiendo sobre mi
pecho desnudo.

Epidemia de almas suplicando por ser.
La puerta está abierta.

(Rendición de los dioses).

Me han entregado su templo.

El sol poniente es testigo de cargo.

Me alzo en victoria. Me elevo a los vientos.

Reconstruyo mi reino sobre las ruinas de este viejo universo.

Escalando la especie

Un crepúsculo olvidado.

Risas que duermen en el eco.

Vertientes que conducen al principio del fin. Vestigios de escenas pasadas.

Un escenario vacío.

Actúo porque actuar es vivir.

Diagramas de mi propia existencia.

Un cajón de recuerdos maltrechos.

Muerte a la muerte.

Se abre el umbral de las almas.

Me miro en este espejo vacío.

Escapismo de mi último reflejo.

La calles hoy gritan su nombre.

Mi piel he mudado mil veces.

Las lunas conocen mis pasos.

El sol fue presentado a mis sombras. Hoy duele la vida.

Sí, duele más que ayer.

Lástima el correr de los tiempos.

Un ser que por nadie espera.

Llueve un mar de agonías.

Un mar sobre este cielo callado.

Los dioses se agrupan.

Observan el girar de la Tierra.

Multitud de profecías dirigen el mundo.

Calendarios que presagian los cambios.

Un mundo astral que viene a nosotros.

Solsticio que dura por siempre.

Soliloquio de mis voces errantes.

Se pierde un paso en la arena. Se

halla sobre cristales de agua. Un

fin para un nuevo comienzo.

Una era de nueva existencia.

Sólo queda una escalada de especies.

La vida de una muerte anunciada.

Trastornos

Uno con las sombras.

Uno con un mundo que no comprendo.

Uno con cada pensamiento trastornado.

Persigo el reflejo de mi vida.

Camino entre valles de luz.

No logro ver mi silueta.

Me duelen los pasos.

Alguien creó mis caminos.

Aborrezco cada huella, cada pedazo de

piel. Las señales viajan tras de mí.

El destino no logra alcanzarme.

Quiero ser página en blanco. Barro

crudo en manos de una niña.

Arena en la mente del tiempo.

Creación imperfecta.

Creador imperfecto.

Dioses muertos en el cielo de mi boca.

Los segundos se acaban.

Los dedos señalan el fin.

Hogar dulce hogar. Final de dolores. Los cimientos caen ante mis ojos. Las paredes se cierran.

Escucho el coro de niños.

La última campanada.

Ya no hay peces pescador.

Las redes sociales los pescaron todos.

Fuiste una inverosímil carnada.

Bebamos en tu copa de oro la hiel de un recién nacido. Besa mis manos.

Estoy de rodillas.

Soy libre, siento la libertad.

Veo las ruinas de tu mundo.

Veo los vestigios de tus vidas.

Veo tus pellejos colgando.

Veo una rosa amarilla.

Delirio

La habitación duerme silenciosa.

Mis paredes son guardias inertes.

El aliento me sabe a muerte.

Siento el dolor de tus últimos pasos.

Escucho tus últimas palabras.

Son prisioneras en mi mente.

Me trago cada rebanada de recuerdo.

Las digiero hasta llevarlas a mi alma.

Mis pieles se hacen humo.

Enciende mi camino. Nada puedo ver.

Escucho ruidos en la distancia.

Se acercan. Vienen por mí.

Se escuchan el cantar de las cadenas.

Mis voces huyen.

Me siento solo entre sombras.

Me oculto. Mas sé me hallarán.

¿Son ángeles o demonios?

Sus blancas vestiduras están teñidas de

rojo. ¿Dónde estás? Vienen por mí.

Acaso no escuchas. John was here, 1979.

Las letras sobre la pared cobran vida.

Me hablan sobre ti.

Hablan sobre mí.

Se cierran. Quieren mi vida.

El hombre en la cruz se ríe de mí.

Al menos no terminaré como tú INRI.

Ya vienen. Escucho la puerta.

Veo la maldad en sus ojos.

¿Quiénes son? ¿Quién soy?

Te necesito. Ven. Sálvame.

Date prisa por favor.

Ya no hay tiempo.

Me toman de los brazos.

No puedo luchar.

Leo en sus pechos un nombre.

Benítez, Hospital Mental.

Solo soy un recuerdo.

Una huella en el tiempo.

Siento el metal atravesando mis tejidos.

Las gotas de su veneno se mezclan con mi sangre. Mis fuerzas se desvanecen.

Se cierran mis ojos.

Te veo bajo mi cuerpo. Estás aquí.

Me place verte desnuda.

Sentir tu piel en mis labios.

Tus carnes exprimiendo mis deseos.

Solo tú puedes lograrlo.

Solo tú me devuelves la cordura. . .

Pero yo estaba hecha de presentes, y mis pies planos sobre la tierra promisoriano resistían caminar hacia atrás, y seguían adelante, adelante, burlando las cenizas para alcanzar el beso de los senderos nuevos. A cada paso adelantado en mi ruta hacia el frente rasgaba mis espaldas el aleteo desesperado de los troncos viejos.

(Julia de Burgos 17 de febrero de 1914 - 6 de julio de 1953)

Glendalis Lugo

Nací un 29 de agosto de 1973 en Maunabo, Puerto Rico. Mi pasión por la poesía fue naciendo desde adolescente, en ya, amaba la lectura y mi rincón favorito era la biblioteca.

Mi poema inspirador fue Río Grande de Loiza de Julia de Burgos, desde el día en que leí su poesía, amé su versar por su profundidad y nostalgia, la cual me inspiró a crear mi poesía con el fin de llegar al corazón de los lectores, al ellos reflejarse de alguna manera, en mis versos. Recientemente publiqué un breve poemario llamado Susurros del Corazón imprimido por Create space y distribuído por Amazon.

Participo en un programa radial llamado Susurros del Alma, junto a Sergio Sánchez (cantautor y poeta de Argentina) donde se difunde la obra de los poetas: gratuitamente.

Junto a la poeta Gladys Viviana Landaburo administramos un foro de poesía, también llamado: Susurros del Alma, en donde los poetas pueden publicar y compartir poesía. Creamos un sello editorial: Del Alma editores, con el cual hemos ya publicado varios títulos, y ahora, esta antología poética: Alma y Corazón en letras, la que también llevará en el International Standard Book Number (ISBN), la huella editorial: Del Alma Editores.

La poesía es el lenguaje del alma y une continentes enteros. Espero disfruten de mis versos.

De ustedes

Glendalis Lugo

Cinco estaciones

Fueron cinco estaciones

las que abrigaron nuestro amor,

fue en invierno que encontré tu ruta

conocí tus ojos,

tu boca

tu sexo desalmado

y el orgasmo perfecto.

La primavera

perpetuó nuestros cuerpos

y fuimos felices

sin ataduras

sin obsesiones

sin el contar de minuteros

y tu mirada fijada en la mía.

El verano llegó sorprendido

aun la luna celosa escuchaba mis

gemidos, la arena era nuestro lecho

y yo navegaba en el mar de tu amor.

El otoño

arribó restringido,

las hojas no caían

los árboles permanecían intactos

esperando el momento de tu partida,

la que todavía espero

desde el día

que el adiós temido escapó de tus labios

y te llevaste mi corazón contigo,

aún espero el invierno…

Difamada

¡Me difamas!

cuando dices que mi cuerpo

no ansía tu caricia embriagadora,

amante perverso

pierdes tu tiempo

porque mueres en mi anhelo.

Tus palabras se deslizan en mi piel desnuda

atrapada por la tuya ,

y aunque difames

tu boca solo encuentra consuelo

tatuando mis pechos.

¡No difames!

Sí hasta en tus sueños pierdes la cordura

y me amas plácidamente

sin desvelo.

He sido difamada por un corazón

que me ata

y por besos

lisonjeros, ¿Sabes?

No te creo

y me río

cuando derramas tu miel en mis adentros

y yo llego al cielo.

"Acúsame"

Acúsame

de querer atrapar,

el sol en tus pupilas

de amarrarte a mi pecho,

para que encuentres tu sendero.

Acúsame

de amarte sin medida,

de armar un revuelo con tus

besos ¡vivo en tus adentros!

siento que eres mío,

solo mío, mi desvelo.

Te amo sin remedio

"te necesito"

como el aire que respiro.

Acúsame

de robarme tus suspiros,

cada día, cada minuto

y en cada encuentro.

Acúsame

de cortar tus alas

de vivir en tu alborada.

¡Acúsame de todo!

pero no me acuses

si algún día

se pierda mi anhelo

y vaya con lo fugaz del viento

en busca de otros besos.

Plagio

Plagié el sol en tu ventana

contenerme era delito quería

ser esa luz sempiterna que

obediente te alumbra.

Plagié tu risa

fiel melodía en mi alma

nunca dejé de escucharla.

Plagié tu piel

devota enredadera en mi

cuerpo cobija perfecta para mis

ansias de amarte sin medida

de ser tu lucero perpetuo

al que le dedicas versos.

Plagié mi recuerdo

y volví a ser la musa de escasos momentos

no sabías que en cada verso

trazabas un sendero a mis besos

cuales nunca huyeron de tus labios.

Me acusas de plagio

de robarme un "te quiero"

no te acuerdas que plagiaste mi alma

y jamás volví a retomarla.

Te incrustaste en mi

corazón allí vives

allí persistes

la única víctima de plagio fui yo

mas aun no sé

si quiera reclamarlo.

Noche triste

Noche triste,

la lluvia moja mis cabellos,

vagar perdida en la oscuridad es mi
desenlace, no te contaré mi historia

es una de tantas terminadas en desamor,
llegar a casa no quiero,

allí habita su recuerdo,
hubo de cada uno de ellos.

El frío se incrusta en mi piel

como daga que lo atraviesa,

no hay clemencia ni abrigo,

la lluvia sigue cayendo,

se lleva mis últimas lágrimas derramadas

y la oscuridad de la noche me ciega,

no hay esperanza ni sosiego.

En esta noche triste,

tiro tu recuerdo al viento,

buscaré otro camino,

no volveré como la paloma a su
nido, la oscuridad de esta noche fría

y la lluvia mojando mis cabellos
perpetúan la realidad de un amor vacío..

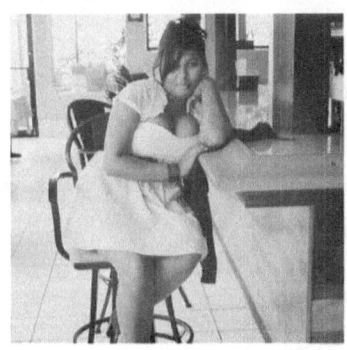

Natalie Ann Martínez Valles

(Zaraliam)

Nació el 3 de octubre de 1990, en el pueblo de Guayama, Puerto Rico.Desde muy joven se interesó en las artes. Formó parte del círculo literario: "Esencia y Palabra" durante su preparación académica en la Universidad de Puerto Rico, recinto de Ponce, grupo que le enseñó el valor y la magia de las palabras y desarrollo su potencial en la escritura. Tras ciertas situaciones volvió a su pueblo natal donde actualmente estudia en la Universidad Interamericana de dicho pueblo. Compartió con el grupo Fusión Artística en donde conoció a Nora Cruz, fundadora de La Liga de Poetas del sur. Actualmente es miembro de la liga y sigue desarrollándose.

"Camino, atrapando en el aire un puñado de letras que van formando frases y estas forman versos que se transforman en la historia de mis pisadas y mientras siga caminando en esta vereda. Seguiré construyendo puentes y caminos con estos versos solo míos" Natalie Martínez

Son solo sombras

Son solo sombras que vagan día

Y noche

forman parte de los vivos

cuando los vivos están meditabundo

en la reciente pérdida .

Son solo sombras

las sombras de aquellos que eran

hermanos, amigos, almas iguales coexistiendo y

hoy, son solo capítulos sin continuación

historias que se perderán en el abismo.

Son solo sombras

existen en el cuartel secreto del silencio

del mutismo y la desesperación.

Son solo sombras

Son las manos frías que te abrazan en medio de la

noche y te hacen tiritar, te despiertan el miedo

y el recuerdo doloroso de sus vidas terminadas.

Son solo sombras

Pedazos de vida, que están entre nuestro mundo
Y su mundo. Entre el olvido
Y la memoria.

Se estremecen en la incomprensión
de sus existencias inexistentes
y temen ser remplazados por ilusiones de verdades
cotidianas
de verdades concretas.

Son solo sombras
Las que vencen a la muerte
cuando la tristeza hace un último esfuerzo
Pero olvidan que ya no nos pertenecen.

Son solo sombras fantasmas nacidos desde la soledad
neonatos de melancolía y confusión.
Mientras el tiempo borra sus huellas
y se quedan atrapados sin luz,
sin esencia.

Pagarás el precio

Te perdí en un rosal, donde mi corazón fue atravesado por las espinas de tu traición.

Te perdí en mis sueños, donde mis ilusiones fueron destruídas por tus palabras nacidas en veneno.

Me volviste la nada cuando la nada es la soledad y el océano de las lágrimas.

Me transformaste en la mueca chueca de una máscara cuando las fiestas de antifaces estaban prohibidas.

Me quisiste como enemiga, cuando lo único que quería era el amor que presagiaban tus caricias,

y cuando me negué a seguir siendo la esclava de tus deseos, me vendiste como se vende un objeto.

Yo te amé, y tú, me engañaste deslumbrándome con tu mirada y ocultando tus manos manchadas.

Yo te quise, pero hoy ya no te puedo amar, cómo amar a quien se odia, cómo amar el punto del rencor nacido. Dónde la ira se encoge y se vuelve un reino.

Me engañaste, me vendiste y hoy pagarás el precio.

Nota tras nota

Nota tras nota nos
acercamos nos tocamos las
manos cerrándolas unidas

entre bailes de versos
fundidos en nuestras almas.

Nos revelamos palmo a palmo,
y descubrimos nuestro Corazón
palpitando en pasión
palpitando en pasión

cuando me adhiero en tu pecho
acurrucados en mi cama
solo escuchando.

Nota tras nota

danzamos luego entre
sábanas que arropan nuestra
piel entre violines vibrantes

que nos dan la bienvenida.
Verso a verso suaves besos

entre jugueteos coquetos

te encuentro sonriendo

mientras poco a poco

te dejo sentir cómo te siento a ti.

Vaciando en caricias las notas perdidas

de una desvelada melodía

sinfonías que vuelvo a encontrar.

Nota tras nota

me desnudo entera

a merced de tus deseos

dejándote tocar ese punto

profundo que inunda mi alma

que reclama tu amor

que me deja sentirte

por completa, y reconozco

que ya jamás seré la misma:

Siempre tuya, siempre enamorada.

Receta nocturna

Mi lengua busca sus filos

suaves, irrompibles, letales...

con ellos muerdo mis labios

dejando que la sangre fluya y

que sacie un poco

la sed contenida en mi angustia.

Delicados, sutiles, sagaces...

encuentran su primera víctima de la

noche. Mi nariz ocupada en inhalar

le da permiso a mis manos

a tocar aquel cuerpo joven, vivo, aterrado,

acalorado por sus venas clandestinas.

Separando, retrasando su sumiso

cuello de mi dulce agonía.

Luego, con una suave rozada

de mi lengua sentir el irresistible sabor de aquella piel

supurante de belleza fresca

y abismarme en fundido

éxtasis de sabor a miel salada y carne,

al mismo tiempo que hundo en su cuello

con pasión mis orgullos,

buscando desesperada el secreto

de sus sonrojadas mejillas

y con furia arrebatarle la vida,

solo esta noche de rabias en ironía.

A Soledad

Soledad que has llenado mi alma

que has penetrado en el fondo

de todo lo que soy.

Soledad que cubriste el vacío

de mi corazón, dejándolo

en silencio.

Pero ya no puedo Estar contigo

me consume la desgracia

Por ser parte de ti. ya no puedo

seguir viviendo solo de tus caricias

Porque he de morir.

 Y aunque fuiste mi escudo del daño de

ellos hoy me lastimas con tu silencio.

No te olvidaré y siempre te agradeceré

Pero ahora debo partir. Debo ser parte del mundo

al que pertenezco

donde no puedes venir.

Ángel Isian

Nacido el 23 de mayo de 1984 en El Bronx, N.Y. y bautizado con el nombre de Ángel M. Rivera Torres por sus padres santa isabelinos. Ángel Isian vivió sus primeros años en Santa Isabel, Puerto Rico, donde comenzó sus cursos de escuela elemental. Luego de varios años en el extranjero regresó a Puerto Rico con su familia, donde terminó la escuela primaria y secundaria en Santa Isabel y en Aguadilla. Identificado plenamente con el sur de Puerto Rico, Ángel Isian ha escrito desde muy temprana edad, cultivando los géneros del cuento, la novela y la poesía desde muy joven y ha sido un vivaz amante y defensor del arte y la cultura puertorriqueña y universal desde que tiene uso de razón. Ha ganado varios premios en certámenes de cuento y poesía a lo largo de los años.

Además, es cofundador de La Liga de Poetas del Sur, bajo cuyo sello editorial se publica: La casa de los espejos, su primer poemario impreso. En el año 2012 se graduó suma cum laude de la Universidad Interamericana de Puerto Rico, Recinto de Guayama, con un bachillerato en artes en la enseñanza de inglés como segundo idioma. Actualmente se destaca en el magisterio como profesor de inglés en el Departamento de Educación de Puerto Rico y es residente del pueblo de Salinas.

Quiero

Quiero que el suelo caiga
A mis pies rendido,
Y que el cielo trate de elevarse
A mi nivel y fracase.

Quiero que el aire trate de verme
Para comprobar mi existencia, Y
aunque le sea invisible,
Que me pueda sentir en su rostro.

Quiero que los árboles se den
cuenta Que soy un ser vivo,
Y no otro objeto más en su
camino. Quiero que las nubes me
vean Pasar cada tarde y traten de
adivinar A que se parece mi figura.

Quiero que el sol tenga
Que cerrar sus ojos al verme,
Y que mi brillantez lo siegue.
Quiero que la luna sepa en qué estado estoy:
Medio, menguante, cuarto, creciente o lleno.

Y quiero que las estrellas traten
De contarme y no puedan,
Por ser yo tan innumerable en el espacio.
Quiero que el viento adivine
De donde vengo y adonde voy.

Y quiero que el fuego busque mi calor,
Pero le huya a mis ardientes llamas,
Y que el frío tiemble imparablemente
Al sentir mi helada presencia.

Quiero que los mares naden dentro de mí
Para buscar misterios por siglos olvidados.
Quiero que el espacio navegue en mi inmensidad
Perdiéndose en las galaxias de mi alma.

Quiero que el polvo me sacuda
Para de mi deshacerse
Pero que luego descubra que siempre
regreso Para llenarle de mi presencia.

Y quiero que la oscuridad me tema
Y se cubra de noche para no sentirme,
Pero descubra que bajo su sábana
Ahí estoy yo también oculto.

Quiero que los montes altos den sus
vidas Por alcanzar la cima de mi cumbre.
Y perezcan al plantar su bandera sobre mí.

Porque todas estas cosas
Como hombre he hecho y he querido hacer,
Y me doy cuenta que nada soy
Y sin embargo, sé que todo lo puedo ser.

Yo soy Aquel

Yo soy aquel que en la ternura
Tomó el papel y la pluma
Que con dedos pequeños
Escribió el color de sus sueños

Teniendo aún inocente mirada
Salió de la cuna y dejó su vida pasada
Para tomar sobre sí gran inspiración
Y empezar a crecer con nueva visión

Yo soy aquel que entre páginas creció
Y al escribir un verso, mi alma se estremeció
El que se sumergió en las páginas de otros
Para hallar misterios gloriosos y tenebrosos

Mas cuando decidí confiar en las mías Y
me cobijé para reposar en sus encimas
Me lanzaron como con dagas de plata
Y fui juzgado como una bestia insensata

Yo soy aquel que no desmayó
Todavía con pergamino en mano, escribió
Y creció su espíritu y su inspiración
Y logró sacar su mente de la condenación

Yo soy aquel que ha crecido en años
Y que aún compone versos extraños
El que le habla constantemente a su corazón
Pues le ha dado más musa que su razón

¡No me dejes de hablar corazón mío!
Voz que habla sabiduría entre calor y frío
Dame hoy la musa que me diste ayer
Para que mañana los versos no vayan a desaparecer

Pues le dijiste al viento que me hablara
Y él me contó cosas para que mi obra avanzara
Y me llevó por mundos donde cosas innumerables vi
Y fui el único que estando allí, entendí

Y el viento me dijo: "Escribe
Y pon en papel lo que tu alma percibe
Extiende tus brazos y ahora recibe
El conocimiento de una vida que ahora no vives"

Y ahora no me detendré en mi arriesgado vuelo
Con versos en mis dedos desplomado en el suelo
Escribiré, así sea con las sangre de mis venas
Y sean mi inspiración mi dolor y mis penas

Yo soy aquel que escribe para alcanzar
El dolor, la injusticia, o la maldad atar
Para así la luz eterna liberar ante el mundo
Con un viaje universal y extremadamente profundo

Así que no me digan que no escriba mi alma de poeta Pues si el mundo fuera tan solo el planeta
Entonces no somos más que vacuo cuerpo
Sin alma que mientras anda está muerto

Pues yo soy aquel que escucha al viento
Yo soy aquel que sufre lo que siento
Yo soy aquel que ve el sonido de los lamentos
Y el que dibuja con palabras los sentimientos

Reinventarme:

Esta noche deseo inventarme entero otra vez,
como hace miles de pensamientos en el pasado,
cuando figuraba que de un par de almas en la vejez,
podía construir un tierno espíritu improvisado.

Me inventaré una existencia de océanos inexplorados,
como me ideaba de niño en mil mundos olvidados.
Porque supuse que un día, mil años me duraba,
y mil años como canicas de eternidad manejaba.

Me inventaré con inocentes ojos recién paridos,
y rejuveneceré al anciano del joven en mí.
Caminaré delicados pasos de universos perdidos
para alcanzar una verdad-fantasía lejos de aquí.

Me inventaré como nueva obra en tragicomedia para
que llueva la dicha en mi rumbo de parodia. Soplaré
los versos de una poesía recién engendrada como la
epopeya de una mente en la batalla forjada

Me vestiré esta noche de una nueva desnudez,
sin esconder mis culpas tras higueras de honradez,
sin permanecer en el Edén ni seré por su fruto expulsado
y no culparé a la serpiente, ni a Eva, ni al dios inventado.

Esta vez me veré con los ojos de un espejo dibujado.
Me haré el artista de un sueño por mi ingenio diseñado.
Pues esta vez veré que todo al final resulte diferente,
o, que así sea, hasta la próxima vez que me reinvente.

Sumérgete en mí

Si pudieras sumergirte en mi alma ¿Acaso
nadarías en mis aguas con calma? ¿Te
dejarías ahogar si no te dejare salir?
¿O te convertirías en sirena para en mis aguas vivir?

Si pudieras acariciar mi espíritu ahora,
¿Te aferrarías a él sin demora?
¿O lo amarrarías para que no pueda escapar?
Y que más allá de tus brazos no pueda pasar?

Si pudieras volar sobre mi cuerpo desnudo,
¿Me besarías locamente hasta dejarme mudo?
¿O volarías hasta que se cansen tus alas
Y caigas sobre mí delicada y cansada?

Si en mi mirada te pudieras quedar
¿Permitirías que te vea para siempre jamás?
O te vestirías de luto para que no te pueda ver
¿Y en la noche por muchas horas desaparecer?

Si pudieras escogerme a mí a primera instancia
Me dejarías buscarte no importa la distancia
O escogerías alejarte de mí por extraño camino
Negando que conmigo una vez compartiste destino?

Pues yo me sumergiría en ti con gran calma
Nadando aun en los rincones oscuros de tu alma
Aunque ahogado en ella ya no pueda vivir
Y de tus aguas profundas ya no pueda salir

Y yo acariciaría tu espíritu lentamente pero sin
demora Viviendo cada día en nuestro apasionado
ahora Amarrándome a tus labios para de ahí no pasar
Y aferrándome a tus brazos para nunca escapar

Ante tus locos deseos seré el esclavo mudo
Volando incansable sobre tu cuerpo desnudo
Dándote de mi aliento cuando te sientas cansada Y
creando una nuevas cuando se rompan tus alas

En tu mirada he de quedar hasta que llegue el jamás
Ideando razones para verme cuando no te quieras quedar
Saciándote cada día hasta tu voraz sed desaparecer
Y esquivando noches de negra muerte para poderte ver

Yo te seguiría buscando burlándome de la loca distancia Y
tú serás mi elección y la señora de mi primera instancia
Porque serás mía, así sea por suerte, elección o destino
Y te enamoraré hasta que confieses que soy tu único camino.

Lynette Mabel Pérez

Mocana. Obtuvo su bachillerato en Educación Secundaria con una concentración en español de la Universidad Interamericana, Recinto de Aguadilla y una Maestría en Artes del lenguaje, de la Universidad Interamericana de Puerto Rico. Pertenece a
REMES. Ha sido premiada en los certámenes de la Universidad Politécnica de Puerto Rico, el Certamen Nacional José Gautier Benítez y el Certamen de Cuento Corto de
la Latin Heritage Foundation, entre otros.

Ha publicado en las revistas literarias *Zurde, Paxtiche, Cinosargo, Delirium Tremens, Palabras Diversas, Traspatio, En la*
Orilla, Monolito y MiNatura. Fue incluída en las antologías *Reflexiones literarias: De la creación al estudio (2005), Ejército de Rosas (2011), Plomos (2012), Cuentos de poder (2012) y Voces sin fronteras II (2012)*, entre otras. Ha publicado el
libro *Imaginería* (2010), *Fantasía Circense: antología* de *literatura contemporánea* junto a Miranda Merced (2011), *Psicodelias*
Urbanas (2012) y *Mundo cero* (2013).

Tomó talleres con Mairym Cruz Bernal, Yolanda Arroyo Pizarro y Jaime Marcano. Ha sido invitada a leer en el Festival grito de Mujer. Trabaja su blog "Los rostros de Jano"
(http://rostrosdejano.blogspot.com///).

Grabado

Este es mi primer recuerdo:

unos bonitos barrotes de madera, muy blancos
una bella canción de cuna

Mamfule, Mamfule, baila la Ziga, baila la Ziga
mi abuelo era de baja estatura

blanco, y cuando reía se le hacían dos hoyuelos
se mecía suave en el sillón del cuarto

mientras jugaba conmigo

mi pequeña muñeca de trapo bailaba en sus
dedos Ziga era una pluma en su mano

dos lamparitas rosadas adornaban mi cuarto
el aire olía a caoba

mi padre entró a leerme un cuento de hadas
una rutina que empezaba ese día,

con el tiempo esos momentos serían más breves.

Memorias de dos extraños

(A dueto con Héctor García Metaloman)
Yo sé que algún niño fumó de esa pipa
en cuanto su padre miró hacia otro lado
y las orugas se fueron volando

al país de las maravillas azules
después de cambiarse el vestido.

Perseguí algunas nubes de algodón de azúcar
mientras pude, pero su dulce me hace mal.
Amiga, te confieso que me da vueltas
el inquieto paisaje y sé que ellos

se molestan cuando no uso aquello
que las batas blancas recomiendan.

No me atrevo a pisar fuerte
porque las pisadas se difuminan
en los resquicios de la memoria
donde una payasa ríe y canta
cuando era pequeña mi mamá se fue...

Mientras, pienso: "tal vez mañana" escuche
el olvidado sonido de su andar

mientras que aquello hilvanado en el aire
se desmorona cual castillos de arena

que sucumben bajo las olas.

Luces

Rapunzel está en la góndola,

algo en el vuelo de las luces llama su atención,

piensa en cómo van apareciendo, de una en una,

en el tiempo que le llevó llegar hasta ese lugar,

en todo lo que se ha perdido

y la inocencia brilla en sus ojos:

se trata de madurar, de no perder la

fe, ella ha estado tanto tiempo sola,

asomada al dintel de su ventana,

mirando unas luces a lo lejos

mientras se despierta en su

cuerpo un hambre que metafísica,

el horizonte se despeja, las luces están cerca,

todo estuvo preparándola para ese momento,

para el estallido de luz, el mundo cambió,

ella no, solamente renació, la imagen es impresionante,

poderosa, en la góndola, Rapunzel, Flynn y Pascal,

arriba, las luces, iluminándolo todo.

La pequeña muerte

Eros y Thánatos pactan el sosiego algunos dirán que
es solo un escape de fotones una corriente eléctrica y
fotostática ¿del espíritu?

nada que no explique una tomografía
de positrones reproducciones

en blanco y negro ¿del alma? Sé muy bien que podría
morir en este instante.

Eros sonreiría comprensivo, unos nanosegundos y

 Thánatos querría evitar la aniquilación del positrón la
pérdida incalculable de una

conciencia humana, pero no me importan
mucho estas cosas, floto

dispersa en un universo foto-óptico de
polvo intergaláctico.

Parir una era

Hay países que pueden morir de un espanto indecible.

Los hay que tienen hielo en las venas y reflujo en

el porvenir.

Los hay que extienden sus alas imperialistas sobre las

tierras de otros.

Hay niños que saben más que un anciano a sus

corto tres años.

Los hay que están a años luz de distancia de la

mala jugada.

Los hay que escupen sangre en algún rincón.

Hay animales que se precian de serlo,

sin vergüenza alguna.

Hombres ruines que vejan lo más preciado.

Hombres terribles que machacan la pureza de

una niña.

Hay hombres que pueden sacrificar la

vida para que no muera el calor,

para que sigamos siendo humanos.

Los hay que tienen toda la humanidad en un párpado.

Los hay que nunca conocerán el hambre y creerán ser felices mientras

las mariposas mueren de sed a sus puertas.

Hay planetas que nacieron para contemplarse,

otros hay que parirlos.

Venezuela

Alberto Amaris

Nacido en Mérida Venezuela, de profesión Ingeniero mecánico, comienzo a escribir desde mis años de adolescencia marcado por un poema de Rubén Darío "Lo fatal" desde entonces mi poesía era totalmente desconocida para otros ya que solo me gustaba escribir para mí mismo, acerca de cada cosa que me pasaba, no es sino hasta el año 2011 que di a conocer mis escritos en páginas de internet dedicadas a la poesía, hasta la presente fecha solo he publicado en conjunto con unos amigos poetas de diferentes portales un Libro "Antología Poética" Veinte poetas, una Pasión, publicado en Montevideo, Uruguay en Febrero 2013.

Entre mis planes está el publicar mi primer libro en el próximo año venidero, y seguir escribiendo, ya para mi paso de ser un pasatiempo a ser un sinónimo de vida. El escribir un poema es una forma de expresar mis sentimientos y emociones, no tengo una tipo de poesía definida, en cuanto a normas solo me dejo llevar por la pasión que se siente al escribir, disfruto mucho más haciendo poesía Libre y melancólica.

Espero estos poemas sean del agrado de quien los lea. Dedicados a una musa que supo llenar de alegría mi vida.

De nada servirán las frías lágrimas.

A tu recuerdo

Sé que de nada servirán los recuerdos, se

extraviaron entre el pecho y tu mirada

que suena estéril, mi voz que aún te llama,

que me pierdo en las tardes casi lerdo.

Esas tardes que levanto mi nostalgia

atestiguando amores en otros cuerpos,

no servirá el consuelo del universo

si el viento un periódico, arrastra en sus alas.

Tras nubes se esconde un sol herido

ya no huele la lluvia en tierra mojada

mi torpe memoria que no fallaba

no encuentra mi montaña.., se ha perdido.

Ahora el viento en mi mundo se desgarra

viviendo entre grietas o en muros huecos

en pueblos que pretenden ser ajenos

soledades y tristezas.., mi batalla.

Pero agradezco el milagro de estar vivo
aunque se pierda el recuerdo en tu mirada
aunque nada sirva el que seas mi amada
sigo buscando, en estas calles tu olvido.

De nada servirán las frías lágrimas
porque aún mi espacio, está vacío.

Si me miro en tus ojos.

> *Tus ojos*
> *enloquecen mis sentidos*

Si me miro en tus ojos, compañera
tal vez pueda perderme en ellos,

o quizás el elixir mágico en tu mirada,
me acorrale con sus blancos destellos,
y me quede para siempre enamorado,
enamorado de tus ojos y cabellos,

si me miro en tus ojos, retratado, si
yo, me miro enamorado en ellos.

Si me miro en tus ojos, compañera
pudiera prenderme al brillo que resalta
en las curvas de tus mágicas miradas,
o al abrazo de tus pestañas negras,

en la vista que del cielo me acompaña
cuando me miro en tus ojos compañera.

Si en el reflejo de tus ojos pardos,
cómplice de tus cejas, yo me miro,
temo perder de inmediato la razón,

o me ahogue, en mis múltiples suspiros,
y que se quede ciego el corazón,

si en ellos enamorado, yo me miro,
si me miro en tus ojos compañera,
si enamorado, en ellos yo me miro.

Si me miro en tus pupilas, compañera
y en los cristales de tu iris me retrato.
temo, que me hechicen con su encanto
y me acorralen tus ojos con su estela, y
me pierda para siempre en tu mirada si
en tu mirada me reflejo compañera,

enamorado, como he estado desde entonces,
cuando tu beso me cegó por vez primera

y me miré, para siempre ilusionado,
en tus ojos y tus miradas hechicera.

Si me miro enamorado en tus miradas,
Si en tus miradas.., me reflejo compañera.

Anoche el cielo.

Cae la noche

Y aún te sueño

Anoche el cielo,

se hundía en tus

ojos la pálida luna,

moría en silencio por celos

como dos borrachos de amor,

descifrando el cielo

las estrellas caían, una

a una a los pozos.

Nuestras manos dormían,

en verbo amoroso,

la arena expandía su espacio;

en los cuerpos, las manos, los labios;

en las calles, las nubes, los pasos.

Y escondían las huellas,

enterraban cerrojos,

pero no a ti, ni a nuestros ósculos.

Vuelvo a la luna sin alas

por parajes oscuros,

vuelve pequeña

por los mares que callan,

la espuma envuelve

los agrietados muros

y las olas sumergen

de los hombres las balas.

Las almas recitan

canciones en flautas,

la noche el suelo

cubría en rastrojos,

violentos tus labios

me besan y atan,

anoche el cielo

se hundía en tus ojos.

Por jugar con el amor.

Qué buscaba yo en otros labios
si en los tuyos encontraba todo

I

De nuevo solo aquí pensando estoy
en medio del bullicio de la gente

tu recuerdo como siempre presente
parece que el día será eterno, hoy.

En Cami mi fiel compañera, voy
al encuentro de tu presencia ausente,
divaga una vez más mi torpe mente,
olvidando lo que fui y lo que soy.

Lacera el corazón tu larga ausencia
se embriaga de tristeza la ternura,
a quién le voy a dar tanta dulzura
reclama adolorida mi conciencia
Por jugar al amor y la ventura.
el destino me trata con violencia.

II

¿A cuántas engañé tranquilamente?
¿A cuántas prometí la dicha entera?
A tantas confundí con vil ramera
a muchas lastimé profundamente.

El amor en mi destino es carente
ya no existe esperanza, ni quimera
y corro entristecido a la trinchera
de la sombra, el olvido de mi suerte
ahora, soledad es mi tortura,

ataca el corazón con vehemencia yo
le ruego al destino su clemencia,
por jugar al amor y la ventura pague
con alto precio mi indolencia, y
estoy hasta perdiendo la cordura.

Quizás mañana, mañana quizás

Pierde el destino su trabajo cuando dos almas separan su camino

Quizás de madrugada cuando aún despierto,

mis ojos te imaginen..,

tu boca riendo,

mis manos tocando y acariciando tu cuerpo,

y tú, envuelta en sábanas me devuelvas el

aliento, en el más hermoso y dulce de los besos.

Quizás mañana cuando despierte,

y abra los ojos, estarás en mi almohada,

tierna como siempre mi bien amada,

entonces mi mente piense,

que todo era un sueño y que nunca he dejado

de ser tu único dueño.

Quizás mañana por el día piense de nuevo en tu boca,

esa que aún me provoca la que hace volar mis

sentidos,

quizás recuerde lo bello vivido y quiera retornar a tus
brazos quedarme por siempre a tu lado viviendo lo
que había querido,

quizás entonces comprendo,
que es cierto, que te he perdido

Quizás mañana cuando despierte,
y de nuevo mi mente te piense
extrañe el color de tus ojos,
el hechizo de tus labios rojos,
y en la soledad de tus besos
recuerde que aún te amo,
y comprenda lo tonto que fui porque
nunca quererte, yo he dejado.

Mi nombre es Sara Teckel, nací en Valencia, Venezuela. Un 18 de abril de 1964. Al momento de redactar esta, mi biografía. Comprendí que he perdido gran parte de mi historia. Sé que habita en mi memoria, más se aloja en las paredes de los puntos inconcretos... Siento que no es fácil, seleccionar el olvido.

Hija, de padres divorciados. La segunda y única mujer entre tres hermanos. Fui educada en diferentes escuelas. Desde religiosas, hasta militares...Aún resido en la misma ciudad. Me apasionan las palabras bellas, la música y adoro a los animales. Soy sobreviviente de cáncer. Madre, ama de casa y soñadora. Siempre he trabajado de manera independiente. Puedo decir, Mi campo es el comercio. Además, colaboro como voluntaria en el Hospital Oncológico de mi ciudad. Específicamente, expongo en actos dirigidos a nuevos pacientes y el entorno familiar.

Mi logró más importante y el motivo por el cual vivo. Sin duda, mi hijo. Mi orgullo, mi mejor amigo. La vida me ofrenda vida. Más no olvido, que he conocido de dolor y de silencios inciertos.

Escribo, creo que desde siempre. Las letras son mi refugio, mi loco y mágico mundo de los sueños. Mis palabras, son el reflejo de lo que gritan mis silencios. En ellas, dibujo mis anhelos, lo que soy, mi esencia ...Adoro soñar. Incluso, mientras duermo. Gracias vida por la vida. Me otorgas convicción para seguir soñando. Agradezco de corazón a mis amigos, forman parte importante de mi historia. Al lector: Les entrego, mis Garabatos del Alma.

Sara Teckel.

Cayendo de nuevo.

Te alojaste lentamente aquí en mi pecho
y mi alma se inundó de tu calor;
ciegamente, bebí de tu aliento
y tus besos, ahuyentaron el dolor.

Me aferré, a la calma de tus brazos;
conociste mis palabras, casi muertas,
de mi sonrisa y mi voluntad reseca
de mis fracasos contemplaste su silueta.

Me refugiaba en los espacios ya vacíos;
mis murmullos abrazaban al silencio, la
cordura y la certeza, se habían ido
y mis anhelos, yacían incompletos.

Superando cualquier cosa que soñaba,
dormí envuelta entre pétalos de rosa;
en ti, encontré lo que buscaba
y en tus caricias, me sentí diosa.

Intenté, trazar mis días en tu alma;
volé contigo, como viento de seda,
crecí a tu lado entre el deseo y la nostalgia
y entre suspiros, olvidé todas mis penas.

Llueven lágrimas, en esta casa vacía,
donde moran los sueños sin memorias,
junto al dolor que suscitó la mentira,
a un corazón, que en el silencio te nombra.

Guardaré tus recuerdos en mi armario;
tal vez un día, olvide tus promesas,
y entre cajas, viejas y amarillentas,
recordaré que junto a ti, soñé despierta.

Recuérdame.

Una quimera, un murmullo menguado.
Astillas de metáforas en un estante olvidado.
Una oración, la sombra de un retrato.
Floración de libros presionando un epitafio.
Una caja de ilusiones pálidas, marcadas.
Una página amarillenta, una cadena dorada...
No, no soy eso.

No me viste despertar en la terquedad, ni atando las alas de
la brevedad. Este momento no es un tiempo desierto.
Recuérdame en la luz, en el aliento.
El temor no es un ladrón tan burdo como la muerte,
pero también desvanece.

Recuérdame en las estaciones,
en el llanto solitario del viento,
en el silencio, en las canciones.

Recuérdame, aun siendo cerezo.
Un sueño intenso, que guarde contigo.
Una promesa, dibujada en la calma.
Un corazón, que acarició tus sentidos.
Un Alma que encontró cobijo en tu Alma.
Un encuentro, en el azul de anhelos vivos.

No es un tiempo desierto, el dolor se ha ido.
Dormiré en las lágrimas que rezan tus labios.
En el suspiro que aplaca lo incierto.
En el recuerdo que descansa a salvo, serpenteando
en el vacío, del sonido del invierno.

Seré.

Si he de ser silencio;
marcado por el olvido,
escondida en el tiempo,
confundida en el pasado.

Seré de días de oro,
noches de otoño frías,
ojos que captaron llamas,
despojados de luz viva.

Si tengo que ser susurro;
por estas salas vacías,
sobre los marcos oscuros,
reposará la agonía; llenaré
todos los muros,
de mi peso y de mi aliento;
encontraré las carencias, que
nunca me mencionaron, será
como una advertencia, que
duerme con el pecado.

Si he de ser como el viento,
por laberintos de cemento,
poeta, amante, heraldo,
reducida, a epitafio;
un poema sobre el mármol
soportará los lamentos.

Si he de ser un recuerdo; seré, aún sin serlo.

Sollozo bajo la luna.

Ella cambió de violeta brillante a negro ascendente;

las lágrimas de desamor le roban sentido a la vida,

como susurros de la luna, sobre sonetos de la muerte,

reflexiona, intentando asimilar la abrupta partida.

Voló más allá de los impulsos del deseo,

se hizo inmensa envuelta en pétalos de rosas;

ahora, su alma frágil permanecerá inmersa en el duelo, debajo de una estatua, hecha de cenizas y promesas rotas.

Índice

Argentina _____ 13

Elias Antonio Almada
_____ 14

Silvia Rosanna Bossi _____ 23

Máximo E. Calderón
_____ 31

Gladys
Viviana Landaburo _____ 44

Hugo
Ernesto Lencinas _____ 54

José Lorenzo Medina
_____ 62

Sergio Sánchez
_____ 74

Ariel Van de Linde
_____ 84

Bolivia _____ 96

Alejandra V. San Miguel Avalos
_____ 97

Verónica Laura Vargas
_____ 104

Colombia _____ 111

Karina Gómez _____ 112

Luz Ramírez_____ 119

Chile _____ 130

Erika Silva (Akiresilva)_____ 131

Tony Drüms_____ 137

Ecuador _____ 147

Lorena Álvarez Cañarte _____ 148

España _____ 155

Carmen Cano
_____ 156

Chema Cotarelo Asturias
_____ 163

Felipe García Espada
_____ 172

Encarnación Marín Romero
_____ 178

Francisco Javier
Mora Morente _____ 186

México
_____ 192

Isabel Miranda de Robles _____ 193

Gonzalo Pérez _____ 201

Geber Humberto
Pérez Ulín _____ 208

Perú _____ 216

Julio César Cuadros Castillo _____ 217

Gustavo
Villanueva Falvy _____ 225

Puerto Rico _____ 236

Nora Cruz
Roque _____ 237

Edwin Elmer Figueroa Acevedo _____ 248

Antonino Geovanni _____ 254

Glendalis Lugo _____ 267

Natalie Ann Martínez Valles _____ 279

Angel
Rivera _____ 288

Lynette Mabel
Pérez_____296

Venezuela
_____304

Alberto Amaris _____305

Sara Teckel _____316

Biografía de
Julia Grover (Fotógrafa)_____325

"Si sabes esperar la gente se olvidará de tu cámara y entonces su alma saldrá a la luz"

Steve McCurry

Julia Grover:

Fotógrafa argentina, nacida en la ciudad de Cosquín. Autora de la portada de la antología poética "Veinte poetas, una pasión" editada y publicada en Uruguay en Mayo de 2013.

*Autora de la portada del libro de poesía "Crisálidas" de la escritora puertorriqueña Glendalis Lugo. *Autora de la portada del libro de poesía "El verso nace cuando muere el sol" Escritora: María Verónica Vargas (Bolivia).

*Autora de la portada del libro de poesía "Versos de luna".

*Autora de la portada de la antología poética "Alma y Corazón en Letras: Con derecho a réplica"

https://www.facebook.com/JuliaGroverFOTOGRAFIA

Email: juliagogrover@hotmail.com

www.ingramcontent.com/pod-product-compliance
Lightning Source LLC
Chambersburg PA
CBHW022001160426
43197CB00007B/214